दो क़ौमें

मण्टो अब तक-4

दो क़ौमें

सआदत हसन मण्टो

सम्पादन

मुशर्रफ़ आलम ज़ौक़ी

वाणी प्रकाशन

वाणी प्रकाशन
4695, 21-ए, दरियागंज, नयी दिल्ली 110 002
फ़ोन : +91 11 23273167 फ़ैक्स : +91 11 23275710

शाखाएँ
अशोक राजपथ, पटना 800 004, बिहार
कॉफ़ी हाउस कैम्पस, महात्मा गांधी मार्ग, इलाहाबाद 211 001, उत्तर प्रदेश
महात्मा गांधी अन्तरराष्ट्रीय हिन्दी विश्वविद्यालय, वर्धा 442 001, महाराष्ट्र

www.vaniprakashan.in
marketing@vaniprakashan.in
sales@vaniprakashan.in

DO KOUMEIN
by Saadat Hasan Manto
Edited by Musharraf Aalam Zauqi

ISBN : 978-93-5229-596-8
Collection of Short Stories

संस्करण 2010, 2013
आवृत्ति 2018

मूल्य : ₹ 450

एम.एस. प्रिंटर्स, दिल्ली-110 095 में मुद्रित

वाणी प्रकाशन का लोगो मक़बूल फ़िदा हुसेन की कूची से

अनुक्रम

मंटो और हस्तक्षेप का साहित्य

मंटो स्वभाव से एक बेहतर और नेक इंसान था। इसलिए उसकी कहानियां आम इंसानी जज़्बात का प्रतिनिधित्व करती नज़र आती है। मंटो को समझने के लिए केवल उस समय की गुलामी का ध्यान करना ही ज़रूरी नहीं है। इसलिए कि मंटो की कहानियां केवल विभाजन की त्रासदी नहीं है बल्कि विभाजन से पहले की दुखद घटनाएं भी, लिखते समय उसे एक खतरनाक 'क़साई' में बदल देती थीं। और वो कहानी लिखते हुए इतना बेरहम हो जाता कि उसके शब्दों से लहू बहते दिखाई देते थे। मंटो के लिए स्वाधीनता केवल शब्द भर नहीं है। मंटो के लिखने की कहानी ईस्ट इंडिया कंपनी की शुरूआत, गुलामी के स्याह दिन और कालापानी के ख़ौफ़नाक जेलों से भरी हुई है। कहते हैं 1857 में कालापानी की सज़ा पाने वाले भारतीय विद्रोहियों ने अंडमान में एक नया भारत बनाया था। एक ऐसा भारत जिसकी नीव एकता और साम्प्रदायिकता सौहार्द पर रखी गई थी। लेकिन मंटो पर बातें करते हुए उस समय के हालात को समझना ज़रूरी है। समुन्द्र से घिरा हुआ एक ऐसा द्वीप जहां से जंगली क़ैदियों के लिए भागना आसान नहीं। चारों ओर समुन्द्र का गरजन, ख़ौफ़नाक बे-रहम पेड़ों के साये। जंगलों में रहने वाले ख़ौफ़नाक आदिवासी, बेरहम जानवर और कीड़े-मकोड़े। अंग्रेज़ों ने वफ़ादार भारतीयों के लिए कालापानी की यही सज़ा चुनी थी जहां वो तरह-तरह की बीमारियों का शिकार हो जायें या निर्मम भयानक मृत्यु के आहनी शिकंजे उन्हें निगल जायें। शायद ये शोक दृश्य मन्टो की आंखों में हर समय चलते थे। अपना प्यारा देश उस समय मन्टो को कालापानी ही नज़र आता था। शायद इसीलिए अपनी आत्मा के अन्तविरोधों से लड़ता मंटो

हर बार एक निमर्म कहानी की रचना कर डालता था। वास्तव में उसका समूचा लेखन ही हस्तक्षेप का लेखन था। वो अपने समय की भयानक दीवारों पर अपना हस्तक्षेप अपनी रचनाओं के माध्यम से दर्ज कर रहा था।

हस्तक्षेप का सच

सच पूछिये तो साहित्य को 'मर्यादाओं' में नहीं बांधा जा सकता। इसे हम दूसरे शब्दों में इस तरह भी कह सकते हैं कि साहित्य की अपनी कोई मर्यादा रेखा नहीं होती। जेम्स ज्वायस की 'यूलेसेज' से संबंधित एक घटना ने एक समय नई बहस को जन्म दिया था। यूलेसेज पर अश्लीलता का आरोप लगा। मुकदमा चला। जज की ओर से यह पुस्तक कुछ ऐसी मोटी महिलाओं को पढ़ने को दी गयीं जिन्हें हम कामूक कह सकते हैं। लेकिन महिलाओं का युलेसेज पढ़ने के बाद आम वक्तव्य यह था कि इसमें कुछ भी अश्लील नहीं है, जो उन्हें 'प्रोवोक' कर सकता हो।

आरंभ से ही हस्तक्षेप हमारे साहित्य का एक महत्वपूर्ण अंग रहा है। सन् 2006 के नॉवेल पुरस्कार विजेता ओरहन पामुक का समस्त साहित्य भी इसी हस्तक्षेप के दायरे में आता है। पामुक सभ्यता के द्वंद्व और टकराव को अलग-अलग दृष्टि से अपने उपन्यासों 'दि व्हाइट कैसल', 'दि ब्लैक बुक' और 'माई नेम इज़ रेड' में उठाकर समाजिक सरोकारों के बहाने अपना आक्रोश दर्ज कराते रहे हैं। दरअसल इस समूचे आक्रोश को 1915 के आसपास तुर्की में घटित आर्मेनियाई और कुर्द लोगों के विरोध में होने वाली भयानक कार्रवाई से जोड़ कर देखा जा सकता है। तीस हज़ार कुर्द और एक लाख आर्मेनियाई लोगों की हत्याएं की गईं। पामुक के भीतर के बेचैन साहित्यकार के लिए ये सब कुछ सहन करना असह्नीय था। बाद में समय का यही 'हस्तक्षेप' उनकी कृतियों में नजर आने लगा।

हस्तक्षेप की सीमाओं का निर्धारण नहीं किया जा सकता। 'क्राइम एंड पनिशमेंट' लिखने वाले दोस्तोयेव्स्की अपने इस दार्शनिक निवंध में समय-समीक्षा करते हुए इतनी दूर निकल जाते हैं कि उन्हें संसार की महान उपलब्धियों में भी हत्यारा होने की झलक मिलने लगती है।

"मेरा कहना यह है कि अगर एक, एक दर्जन, एक सौ या उससे भी ज़्यादा लोगों की जान की कुर्बानी दिये बिना केपलर और न्यूटन की खोजों को सामने लाना मुम्किन न होता, तो न्यूटन को इस बात का अधिकार होता, बल्कि सच पूछिये तो यह उनका कर्त्तव्य होता... कि वह अपनी खोजों की जानकारी पूरी मानवता तक पहुंचाने के लिए.... उन दर्जन भर या सौ

आदमियों का सफ़ाया कर दें। लेकिन इससे यह नतीजा नहीं निकलता कि न्यूटन को इस बात का अधिकार था कि वह अंधाधुंध लोगों की हत्या करते रहें और रोज़ बाज़ार में जाकर चीज़ें चुरायें। अतीत से लेकर कानून बनाने वाले और लोगों के नेता, जैसे लिकुर्गस, सोलोन, नेपोलियन, वगैरह सारे के सारे एक तरह से अपराधी थे। सिर्फ इस बात की बुनियाद पर कि उन्होंने एक नया कानून बना कर उस पुराने कानून का उल्लंघन किया, जो उन्हें उनके पुरखों से मिला था।''--- (क्राइम एण्ड पनिश्मेंट से)

सरवांटिस के डान किक्जोट की बातें करें या शैक्सपीयर से हालिया फिल्मों की बात करें या उपन्यासों की नई परम्परा में अरूंधति, किक्रम सेठ, किरन देसाई से लेकर मारर्वीज़ और मिलान कुंदेरा तक के साहित्यिक सफर की। हस्तक्षेप हर बार अलग-अलग शिल्प और कथा वस्तु तक अपने दायरे को तोड़ता और बढ़ाता रहा है। जैसे कभी खुले बयानिया में कभी प्रतीकों में और कभी समय की फंटासी से जोड़कर। हिन्दी की बात करें तो प्रेमचन्द और सुदर्शन के समय का सरोकार और हस्तक्षेप अब भी वही है, लेकिन सौ साल से अधिक के इस सफर में कहानियां कहने का साधारण अंदाज अथवा शिल्प में क्रांतिकारी परिवर्तन आया है। उदय प्रकाश, अलका सरावगी से नीलाक्षी तक हस्तक्षेप के तौर-तरीके बदले हैं, उदय जहां समय-घटनाओं को प्रतीक बनाकर साम्राज्यवादी तत्वों के विरोध में या सामाजिक अव्यवस्था के विरोध में अपनी आवाज़ उठाते हैं, वहीं मधुकांकरिया या नीलाक्षी के यहां यह हस्तक्षेप प्रेम से उपजे या कुदरत की कारीगरी से उत्पन्न प्रतीकों में ढ़ल जाते हैं।

अभी कुछ दिन पहले एक उपन्यास पढ़ा था। हस्तक्षेप की दिशा में यह उपन्यास भी एक महत्वपूर्ण क़दम था। लिसबन की घेराबंदी का इतिहास में यही टकराव एक नई शक्ल में हमारे सामने आता है। यहां हस्तक्षेप का केन्द्र बिन्दु 'शब्द' बन जाता है। शब्द जो एक जरा सी प्रूफ की ग़लती के साथ ही इतने भयावह और खतरनाक दृश्य में बदल जाता है कि समस्त मानवता खतरे में दिखती है। ये एक 'संगीन' किताब है। किसी अपराध जितनी खतरनाक और हताहत करने वाली। ये युगों-युगों से चली आने वाली साहित्यिक परम्परा को मात्र आगे बढ़ाने वाली किताब नहीं है। जैसे कोई माहिर आर्किटेक्चर होता है। उसे पता है, दुनिया की हसीन तरीन इमारत बनाने के दौरान, चांद जैसा कोई दाग़ कैसे छोड़ा जाये, जो केवल माहिर कला प्रशंसक को ही चुभ सके। और किसी को दिखाई न दे। मान लिया,

वह इतनी सुन्दर इमारत में एक छोटी सी ईंट ग़लत खिसका देता है। मिसाल के लिए, या मान लिया, ऐसा बहुत कुछ इस किताब के साथ हुआ है, कि इस खतरनाक रचना-प्रक्रिया के पीछे एक ऐसा वैज्ञानिक दृष्टिकोण रहा है, जो धर्म के, नहीं, इस्लाम के सारे तर्कों को नकारने की विशेषता रखता है।

मंटो का हस्तक्षेप

मन्टो का सबसे बड़ा हस्तक्षेप 'टोबा टेक सिंह' के रूप में सामने आया। जहां उसने देश के विभाजन को अपनी असहमति सुना दी। लेकिन मंटो की बाक़ी कहानियां निमर्म लेखनी के साथ अपना हस्तक्षेप दर्ज कराती रहीं। वास्तव में मंटो अपने समकालीनों में सबसे ज़्यादा समय का पारिख था। इसीलिए मंटो की ये कहानियां अपने समय का ऐसा दस्तावेज़ हैं, जिन्हें भुलाया नहीं जा सकता।

– मुशर्रफ़ आमल ज़ौक़ी

राम खिलावन

खटमल मारने के बाद में ट्रंक में पुराने काग़ज़ात देख रहा था कि सईद भाई जान की तस्वीर मिल गई। मेज़ पर एक ख़ाली फ्रेम पड़ा था– मैंने उस तस्वीर से उसको भर दिया और कुर्सी पर बैठ कर धोबी का इन्तेज़ार करने लगा।

हर इतवार को मुझे इसी तरह इन्तेज़ार करना पड़ता क्योंकि हफ़्ते की शाम को मेरे धुले हुए कपड़ों का स्टाक ख़त्म हो जाता था– मुझे स्टाक तो नहीं कहना चाहिए इसलिए कि मुफलिसी के उस ज़माने में मेरे पास सिर्फ इतने कपड़े थे जो मुश्किल से छः सात दिन मेरी वज़ादारी क़ायम रख सकते थे।

मेरी शादी की बात चीत हो रही थी और इस सिलसिले में पिछले दो–तीन इतवारों से मैं माहिम जा रहा था। धोबी शरीफ़ आदमी था। यानी धुलाई न मिलने के बावजूद हर इतवार को बाक़ायदगी के साथ पूरे दस बजे मेरे कपड़े ले आता था लेकिन फिर भी मुझे खटका था कि ऐसा न हो कि मेरी नादेहन्दगी से तंग आकर किसी रोज़ चोर बाज़ार में फरोख़्त कर दे और मुझे अपनी शादी की बात–चीत में बग़ैर कपड़ों के हिस्सा लेना पड़े जो कि ज़ाहिर है बहुत ही शर्मिन्दगी की बात होती।

खोली में मरे हुए खटमलों की मकरूह बू फैली हुई थी। मैं सोच रहा था कि उसे किस तरह दबाऊं कि धोबी आ गया, "साब सलाम।" करके उसने अपनी गठरी खोली और मेरे गिनती के कपड़े मेज़ पर रख दिये। ऐसा करते हुए उसकी नज़र सईद भाई जान की तस्वीर पर पड़ी। एक दम चौंक कर उसको ग़ौर से देखना शुरू कर दिया और एक अजीबो–ग़रीब आवाज़

हलक़ से निकाली। "हे, हे, हैं?"

मैंने उससे पूछा, "क्या बात है धोबी?"

धोबी की नज़रें तस्वीर पर जमी रहीं, "ये तो सईद शालेम बालिस्टर हैं?"

"तुम जानते हो इन्हें?"

धोबी ने ज़ोर से सर हिलाया। "हां... दो भाई होता... इधर को लाबा में इनका कोठी होता– सईद शालेम बालिस्टर... मैं इनका कपड़ा धोता होता।"

मैंने सोचा ये दो वर्ष पहले की बात हो गई क्योंकि सईद हसन और मोहम्मद हसन भाई जान ने फिजीआईलैंड जाने से पहले तक़रीबन एक वर्ष बम्बई में परैक्टिस की थी, चुनांचे मैंने उससे कहा, "दो वर्ष पहले की बात करते हो तुम।"

धोबी ने ज़ोर से सर हिलाया। "सईद शालेम बालिस्टर जब गया तो हम को एक पगड़ी दिया– एक धोती दिया– एक कुरता दिया– बहुत अच्छा लोग होता– एक का दाढ़ी होता– ये बड़ा..." उसने हाथ से दाढ़ी की लम्बाई बताई और सईद भाई जान की तस्वीर की तरफ इशारा करके कहा–"ये छोटा होता– इसका तीन बाबा लोग होता– लड़का एक लड़की– हमारे संग बहुत खेलता होता– कोलाबे में एक कोठी होता– बहुत बड़ा..."

मैंने कहा "धोबी ये मेरे भाई हैं।"

धोबी ने हलक़ से अजीबो-ग़रीब आवाज़ निकाली, "हे, हे, हैं?– सईद शालेम बालिस्टर?"

मैंने उसकी हैरत दूर करने की कोशिश की और कहा, "ये तस्वीर सईद हसन भाई जान की है– दाढ़ी वाले मोहम्मद हसन हैं– हम सबसे बड़े।"

धोबी ने मेरी तरफ़ घूर के देखा, फिर मेरी खोली की ग़लाज़त का जायज़ा लिया–एक छोटी-सी कोठरी थी, बिजली की लाइट से महरूम, एक मेज़ था, एक कुर्सी थी और टाट की कोट जिसमें हज़ारहा खटमल थे। धोबी को यक़ीन नहीं आता था कि मैं सईद शालेम बालिस्टर का भाई हूं, लेकिन जब मैंने उसको उनकी बहुत-सी बातें बताईं तो उसने सर को अजीब तरीक़े से हिलाया और कहा, "सईद शालेम बालिस्टर कोलाबे में रहता और तुम खोली में।"

मैंने बड़े फलसफियाना अन्दाज़ में कहा। "दुनिया के यही रंग हैं धोबी!"

"हां साब– तुम बरोबर कहता है।"

ये कहकर धोबी ने गठरी उठाई और बाहर जाने लगा। मुझे उसके हिसाब का ख़्याल आया। जेब में सिर्फ आठ आने थे जो शादी की बात-चीत के सिलसिले में माहिम तक जाने आने के किराये के लिये थे। सिर्फ ये बताने के लिये कि मेरी नीयत साफ है मैं ने उसे ठहराया और कहा। "धोबी– कपड़ों का हिसाब याद रखना– खुदा मालूम कितनी धुलाइयां हो चुकी हैं।"

धोबी ने अपनी धोती का लांग दुरुस्त किया और कहा, "साब हम हिसाब नहीं रखता– सईद शालेम बालिस्टर का एक वर्ष काम किया– जो दे दिया, ले लिया– हम हिसाब जानते ही नही हैं।"

ये कहकर वह चला गया और मैं शादी की बात-चीत के सिलसिले में माहिम जाने के लिये तैयार होने लगा। बात-चीत कामयाब रही– मेरी शादी हो गई, हालात भी बेहतर हो गए और मैं सेकण्ड पीर के एक फ्लेट में जिसका किराया पैंतीस रूपये माहवार था, उठ आया और धोबी को हर महीने बाक़ायदगी से उसकी धुलाईयों के दाम मिलने लगे।

धोबी खुश था कि मेरे हालात पहले से बेहतर हैं चुनांचे उसने मेरी बीवी से कहा! "बेगम साब– साब का भाई सईद शालेम बालिस्टर बहुत बड़ा आदमी होता– कोलाबा में रहता होता– जब गया तो हम को एक पगड़ी, एक धोती, एक कुर्ता दिया होता– तुम्हारा साब भी एक दिन बड़ा आदमी बनता होता।"

मैं अपनी बीवी को तस्वीर वाला क़िस्सा सुना चुका था और उसको ये भी बता चुका था कि मुफ़लिसी के ज़माने में कितनी दरियादिली से धोबी ने मेरा साथ दिया था। जब दे दिया, जो दे दिया, उसने कभी शिकायत की ही न थी– लेकिन मेरी बीवी को थोड़े अर्से के बाद ही उससे ये शिकायत हो गई कि वह हिसाब नहीं करता। मैंने उससे कहा, "चार वर्ष मेरा काम करता रहा है– उसने कभी हिसाब नहीं किया।"

जवाब ये मिला, "हिसाब क्यों करता–पैसे दुगने-चौगुने वसूल कर लेता होगा।"

"वह कैसे?"

"आप नहीं जानते– जिनके घरों में बीवियां नहीं होतीं उनको ऐसे

लोग बेवक़ूफ़ बनाना जानते हैं।''

क़रीब-क़रीब हर महीने धोबी से मेरी बीवी की खिच-खिच होती थी कि वह कपड़ों का हिसाब अलग अपने पास क्यों नहीं रखता। वह बड़ी सादगी से सिर्फ इतना कह देता। ''बेगम साब– हम हिसाब जानता ना हैं। तुम झूट नाहीं बोलेगा– सईद शालेम बालिस्टर जो तुम्हारे साब का भाई होता– हम एक वर्श उसका काम किया होता– बेगम साब बोलता धोबी तुम्हारा इतना पैसा हुआ– हम बोलता, ठीक है।

एक महीने ढाई सौ कपड़े धुलाई में गए। मेरी बीवी ने आज़माने के लिये उससे कहा धोबी, इस महीने साठ कपड़े हुए।

उसने कहा ''ठीक है– बेगम साब, तुम झूट नाहीं बोलेगा।'' मेरी बीवी ने साठ कपड़ों के हिसाब से जब उसको दाम दिये तो माथे के साथ रूपये छुआकर सलाम किया और चलने लगा। मेरी बीवी ने उसे रोका ''ठहरो धोबी, साठ नहीं ढ़ाई सौ कपड़े थे– लो अपने रूपये, मैंने मज़ाक़ किया था।''

धोबी ने सिर्फ इतना कहा ''बेगम साब तुम झूट नाहीं बोलेगा।'' बाक़ी के रूपये अपने माथे के साथ छुआकर सलाम किया और चला गया।

शादी के दो वर्ष बाद मैं दिल्ली चला गया। दो ड़ेढ़ वर्ष मैं वहीं रहा, फिर वापस बम्बई आ गया और माहिम में रहने लगा। तीन महीने के दौरान में हमने चार धोबी तब्दील किये क्योंकि वो बेहद बेईमान और झगड़ालू थे। हर धुलाई पर झगड़ा खड़ा हो जाता था। कभी कपड़े कम निकलते थे, कभी धुलाई ठीक नहीं होती थी। हमें अपना पुराना धोबी याद आने लगा। एक रोज़ जबकि हम बिल्कुल बग़ैर धोबी के रह गए थे वह अचानक आ गया और कहने लगा साब को हमने एक दिन बस में देखा– हम बोला, ऐसा कैसा,– साब तो दिल्ली चला गया था... हमने इधर बाईखल्ला में तलास किया, छापा वाला बोला, उधर माहिम में तलास करो– बाजू वाली चाली में साब का दोस्त होता– उससे पूछा और आ गया।

हम बहुत खुश हुए और हमारे कपड़ों के दिन हंसी खुशी गुज़रने लगे।

कांग्रेस सत्तारूढ़ आई तो शराब पर रोक लगादी गई। अंग्रेज़ी शराब मिलती थी लेकिन देशी शराब की कशीद और फरोख़्त बिल्कुल बन्द हो गई। निन्नानवे फीसदी धोबी शराब के आदी थे। दिन भर पानी में रहने के बाद शाम को पाव, आद्य पाव शराब उनकी ज़िन्दगी का हिस्सा बन चुकी थी। हमारा धोबी बीमार हो गया। उस बीमारी का इलाज उसने उस ज़हरीली

शराब से किया जो नाजायज़ तौर पर कशीद करके छुपे चोरी बिकती थी। नतीजा ये हुआ कि उसके पेट में ख़तरनाक गड़बड़ पैदा हो गई जिसने उसको मौत के दरवाज़े पर पहुंचा दिया।

मैं बेहद मसरूफ़ था। सुबह छ: बजे घर से निकलता था और रात को दस-साढ़े दस बजे लौटता था। मेरी बीवी की गो इस ख़तरनाक बीमारी का इल्म हुआ तो वह टेक्सी लेकर उसके घर गई। नौकर और शोफर की मदद से उसको गाड़ी में बिठाया और डाक्टर के पास ले गई। डाक्टर बहुत प्रभावित हुआ। चुनांचे उसने फीस लेने से मना कर दिया लेकिन मेरी बीवी ने कहा, "डाक्टर साहब, आप सारा सवाब (पुन्य) हासिल नहीं कर सकते।"

डाक्टर मुस्कुराया। "तो आधा-आधा कर लीजिये।"

डाक्टर ने आधी फीस क़बूल कर ली।

धोबी का बाक़ायदा इलाज हुआ। पेट की तकलीफ़ चन्द इन्जेक्शनों से दूर हो गई। कमज़ोरी थी, वह ताक़तवर दवाओं के इस्तेमाल से ख़त्म हो गई। चन्द महीनों के बाद वह बिल्कुल ठीक-ठाक था और उठते बैठते हमें दुआएं देता था। भगवान साब को सईद शालेम बालिस्टर बनाए- इधर की लाबे में साब रहने को गया- बावा लोग हों- बहुत-बहुत पैसा बनाए- बेगम साब धोबी को लेने आया- मोटर में- इधर किले में बहुत बहुत बड़े डाक्टर के पास ले गया जिसके पास मेम होता- भगवान बेगम साब को खुश रखें..."

कई वर्ष गुज़र गए। इस दौरान कई सियासी इन्क़लाब आए। धोबी बिला नाग़ा इतवार को आता रहा। उसकी सेहत अब बहुत अच्छी थी। इतना गुज़रने पर भी वह सलूक नहीं भूला था। हमेशा दुआएं देता। शराब क़तई तौर पर छुट चुकी थी। शुरू में वह कभी-कभी उसे याद किया करता था, पर अब नाम तक न लेता था। सारा दिन पानी में रहने के बाद थकन दूर करने के लिये अब उसे दारू महसूस नहीं होती थी।

हालात बहुत ज़्यादा बिगड़ गए। बटवारा हुआ तो हिन्दू-मुस्लिम दंगों शुरू हो गए। हिन्दुओं के इलाक़ों में मुसलमान और मुसलमानों के इलाक़ों में हिन्दु दिन की रौशनी और रात की तारीकी में हलाक किये जाने लगे। मेरी बीवी लाहौर चली गई।

जब हालात और ज़्यादा ख़राब हुए तो मैंने धोबी से कहा, "देखो धोबी अब तुम काम बन्द कर दो- ये मुसलमानों का मुहल्ला है। ऐसा न

हो कोई तुम्हें मार डाले।" धोबी मुस्कुराया, "साब अपन को कोई नहीं मारता।" हमारे मुहल्ले में कई वारदातें हुईं मगर धोबी बराबर आता रहा। एक इतवार मैं घर में बैठा अख़बार पढ़ रहा था। खेलों के सफ़हे पर फ़िसादात के शिकार हिन्दुओं और मुसलमानों के आदादो-शुमार मैं उन दोनों की ख़ौफ़नाक ममासलत पर ग़ौर कर रहा था कि धोबी आ गया। कापी निकाल कर मेंने पड़ताल शुरू की तो धोबी ने हंस-हंस कर बातें शुरू कर दीं, "सईद शालेम बालिस्टर बहुत अच्छा आदमी होता- यहां से जाता तो हम को एक पगड़ी, एक धोती, एक कुर्ता दिया होता- तुम्हारा बेगम साब भी एक दम अच्छा आदमी होता- बाहर गया है न? अपने मुल्क में? उधर काग़ज़ लिखो हमारा सलाम बोलो- मोटर लेकर आया हमारी खोली में- हम को इतना जुलाब आता होता- डाक्टर ने सुई लगाई- एक दम ठीक हो गया। उधर कागज़ लिखो तो हमारा सलाम बोलो- बोलो रामखिलावन बोलता है, हम को भी काग़ज़ लिखो।"

मैंने उसकी बात काटकर ज़रा तेज़ी से कहा- "धोबी- दारू शुरू कर दी?"

धोबी हंसा "दारू? दारू कहां मिलती है साब?"

मैं और कुछ कहना मुनासिब न समझा। उसने मैले कपड़ों की गठरी बनाई और सलाम करके चला गया। चन्द दिनों में हालात बहुत ही ज़्यादा ख़राब हो गए। लाहौर से तार पर तार आने लगे कि सब कुछ छोड़ो और जल्दी चले आओ। मैं ने हफ्ते के रोज़ इरादा कर लिया कि इतवार को चल दूंगा। लेकिन मुझे सुबह सवेरे निकल जाना था। कपड़े धोबी के पास थे, मैंने सोचा कर्फ्यू से पहले-पहले उसके यहां जाकर ले आऊं, चुनांचे शाम को विक्टोरिया लेकर महालक्ष्मी चला गया।

कर्फ्यू के समय में अभी एक घंटा बाकी था, इसलिये आमदो-रफ़्त जारी थी, ट्रामें चल रही थीं। मेरी विक्टोरिया पुल के पास पहुंची तो एक दम शोर बरपा हुआ। लोग अंधाधुंध भागने लगे। ऐसा मालूम हुआ जैसे सांडों की लड़ाई हो रही है- हुजूम छदरा हुआ तो देखा, दूर भैंसों के पास बहुत से धोबी लाठियां हाथ में लिये नाच रहे हैं और तरह-तरह की आवाज़ें निकाल रहे हैं। मुझे उधर ही जाना था मगर विक्टोरिया वाले ने इन्कार कर दिया। मैंने उसको किराया अदा किया और पैदल चल पड़ा- जब धोबियों के पास पहुंचा तो वह मुझे देख कर ख़ामोश हो गए।

मैंने आगे बढ़कर एक धोबी से पूछा, "रामखिलवान कहां रहता है?"

एक धोबी जिसके हाथ में लाठी थी, झूमता हुआ उस धोबी के पास आया जिससे मैंने सवाल किया था, "क्या पूछता है?"

"पूछता है रामखिलावन कहां रहता है?"

शराब से धुत धोबी ने क़रीब-क़रीब मेरे ऊपर चढ़कर पूछा, "तुम कौन हो?"

"मैं– रामखिलावन मेरा धोबी है।"

"रामखिलावन तुम्हारा धोबी है– तू किस धोबी का बच्चा है?"

एक चिल्लाया "हिन्दू धोबी का या मुसलमान धोबी का।"

तमाम धोबी गोया नशे में चूर थे मुक्के तानते और लाठियां घुमाते मेरे इर्द-गिर्द जमा हो गए। मुझे उनके सिर्फ एक सवाल का जवाब देना था। मुसलमान हूं या हिन्दू?– मैं बेहद ख़ौफ़ज़दा हो गया। भागने का सवाल ही पैदा नहीं होता था क्योंकि मैं उनमें घिरा हुआ था। नजदीक कोई पुलिस वाला भी नहीं था जिसको मदद के लिये पुकारता-- और कुछ समझ में न आया तो बे-जोड़ अल्फाज़ में उनसे गुफ्तगू शुरू कर दी।

"रामखिलवान हिन्दू है... हम पूछता है वह किधर रहता है। उसकी खोली कहां है?... दस वर्ष वह हमारा धोबी रहा। बहुत बीमार था... हमने उसका इलाज कराया था... हमारी बेगम– हमारी मेम साहब यहां मोटर लेकर आई थी... यहां तक मैंने कहा तो मुझे अपने ऊपर बहुत तरस आया। दिल ही दिल में ख़फ़ीफ़ हुआ कि इनसान अपनी जान बचाने के लिये कितनी नीची सतह पर उतर आता है, इस एहसास ने जुर्रत पैदा करदी, चुनांचे मैंने उनसे कहा, "मैं मुसलमान हूं।"

"मार डालो– मार डालो।" का शोर बुलंद हुआ। धोबी जो कि शराब के नशे में धुत था, एक तरफ़ देख कर चिल्लाया,"ठहरो– इसे रामखिलवान मारेगा।"

मैंने पलट कर देखा, रामखिलावन मोटा डण्डा हाथ में लिये खड़ा था। उसने मेरी तरफ़ देखा और मुसलमानों को अपनी जुबान में गालियां देना शुरू कर दीं। डण्डा सर तक उठाकर गालियां देता हुआ वह मेरी तरफ बढ़ा। मैंने आज्ञा के स्वर में कहा, "रामखिलावन।"

रामखिलावन दहाड़ा, "चुप कर के रामखिलावन के... मेरी आख़िरी उम्मीद भी डूब गई जब वह मेरे क़रीब आ पहुंचा तो मैंने खुश्क गले से होले से कहा, "मुझे पहचानते नहीं रामखिलावन?"

रामखिलावन ने वार करने के लिए डण्डा उठाया– एक उसकी आंखें

सिकुड़ीं, फिर फैलीं, फिर सिकुड़ीं, डण्डा हाथ से गिराकर उसने क़रीब आकर मुझे ग़ौर से देखा और पुकारा "साब!" फिर वह अपने साथियों से मुख़ातिब हुआ, "ये मुसलमान नहीं– ये मेरा साब है– बेगम साब का साब. .. वह मोटर लेकर आया था... डाक्टर के पास ले गया था– जिसने मेरा जुलाब ठीक किया था।"

रामखिलावन ने अपने साथियों को बहुत समझाया मगर वह न माने– सब शराबी थे। तू-तू मैं-मैं शुरू हो गई। कुछ धोबी रामखिलावन की तरफ़ होकर और हाथापाई की नौबत आ गई। मैंने मौक़ा ग़नीमत समझा और वहां से खिसक गया।

दूसरे रोज़ सुबह नौ बजे मेरा सामान तैयार था। सिर्फ जहाज़ के टिकटों का इन्तेज़ार था जो एक दोस्त ब्लेक मार्किट से हासिल करने गया था।

मैं बहुत बेक़रार था। दिल में तरह-तरह के जज़्बात उबल रहे थे। जी चाहता था कि जल्दी टिकट आ जाएं और मैं बन्दरगाह की तरफ़ पहुंचूं। मुझे ऐसा महसूस होता था कि अगर देर हो गई तो मेरा फ्लेट मुझे अपने अन्दर क़ैद कर लेगा।

दरवाज़े पर दस्तक हुई। मैंने सोचा कि टिकट आ गए। दरवाज़ा खोला तो बाहर धोबी खड़ा था।

"साब सलाम।"

"सलाम।"

"मैं अन्दर आ जाऊं।"

"आ जाओ।"

वह ख़ामोशी से अन्दर दाख़िल हुआ। गठरी खोलकर उसने कपड़े निकल कर पलंग पर रखे, धोबी ने अपनी आंखें पोछीं और ग्लोगीर आवाज़ में कहा, "आप जा रहे हैं साब?"

"हां।"

उसने रोना शुरू कर दिया, "साब मुझे माफ़ कर दो– ये सब दारू का क़सूर था... और दारू... दारू, आजकल मुफ़्त मिलती है– सेठ लोग बांटता है कि पीकर मुसलमान को मारो... मुफ़्त की दारू कौन छोड़ता है साब... हम को माफ कर दो– हम पीयेला था... सईद शालेम बालिस्टर हमारा बहुत मेहरबान होता– हम को पगड़ी, एक धोती, एक कुर्ता दिया होता... बेगम साब हमारा जान बचाया होता... जुलाब से हम मरता होता... वह मोटर लेकर आता। डाक्टर के पास ले जाता। इतना पैसा ख़र्च करता– तुम देश

जाता– बेगम साब से मत बोलना, रामखिलावन...''

उसकी आवाज़ गले में रुंध गई। गठरी की चादर कांधे पर डाल कर चलने लगा तो मैंने रोका, ''ठहरो रामखिलवन।'' लेकिन वह धोती का लांग संभालता तेज़ी से बाहर निकल गया।

नंगी आवाज़ें

भोलू और गामा दो भाई थे। बेहद मेहनती, भोलू कलईगर था, सुबह धोंकनी सर पर रखकर निकलता और दिन भर शहर की गलियों में "भाण्डे कलई करालो" की सदाऐं लगाता रहता। शाम को घर लौटता तो उसके तहबन्द के डब में तीन-चार रूपये का किरयाना ज़रूर होता।

गामा ख्वांचा फरोश था, उसको दिन भर छाबड़ी सर पर उठाए घूमना पड़ता था। तीन चार रूपये ये भी बचा लेता था। मगर उसको शराब की लत थी। शाम को दनिये के भटियार ख़ाने से खाना खाने से पहले एक पाव शराब उसे ज़रूर चाहिये थी। पीने के बाद वह खूब चहकता। दनिये के भटियार खाने में रौनक़ लग जाती। सबको मालूम था कि वह पीता है और उसी के सहारे जीता है।

भोलू ने गामा से जो कि दो साल बड़ा था, बहुत समझाता कि ये शराब की लत बहुत बुरी है। शादी शुदा हो, बेकार पैसा बर्बाद करते हो। यही जो तुम हर दिन एक पाव शराब पर ख़र्च करते हो बचा कर रखो तो भाभी ठाठ से रहा करेगी। नंगी पुच्ची अच्छी लगती है तुम्हें अपनी घर वाली। गामा ने इस कान सुना उस कान से निकाल दिया। भोलू जब थक-हार गया तो उसने कहना सुनना ही छोड़ दिया।

दोनों मुहाजिर थे, एक बड़ी विल्डिंग के सर्वेंट क्वार्टर में रहते थे। उन पर जहां औरों ने क़ब्ज़ा जमा रखा था वहां उन दोनों भाइयों ने भी एक क्वार्टर को जो कि दूसरी मंज़िल पर था, अपनी रिहाइश के लिये महफूज़ कर लिया था।

सर्दियां आराम से गुज़र गईं। गर्मियां आईं तो गामा को बहुत तकलीफ़

हुई। भोलू तो ऊपर कोठे पर खाट बिछा कर सो जाता था, गामा क्या करता। बीवी थी, और ऊपर पर्दे का कोई बन्दोबस्त ही नहीं था। एक गामा को ही ये तकलीफ़ नहीं थी। क्वार्टरों में जो भी शादीशुदा था, इसी मुसीबत में गिरफ़्तार था।

कल्लन को एक बात सूझी। उसने कोठे घर कोने में अपनी और अपनी बीवी की चारपाई के इर्द गिर्द टाट तान दिया। इस तरह पर्दे का इन्तज़ाम हो गया। कल्लन की देखा देखी दूसरों ने भी इस तरकीब से काम लिया। भोलू ने भाई की मदद की और चन्द दिनों ही में बांस वग़ैरा गाड़ कर टाट और कम्बल जोड़कर पर्दे का इन्तज़ाम कर दिया। यूं हवा तो रुक जाती थी मगर नीचे क्वार्टर के दो रुख़ से हर हालत में ये जगह बेहतर थी।

ऊपर कोठे पर सोने से भोलू की तबीयत में एक अजीब इन्क़लाब पैदा हुआ। वह शादी ब्याह का बिल्कुल क़ायल नहीं था। उसने दिल में अहद कर रखा था कि ये जंजाल कभी नहीं पालेगा।

जब गामा कभी उसके ब्याह की बात छेड़ता तो वह कहा करता था, भाई मैं अपने पिण्डे पर जोंकें नहीं लगवाना चाहता हूं। लेकिन जब गर्मियां आईं और उसने ऊपर खाट बिछाकर सोना शुरू किया। दस-पंद्रह दिन में ही उसके ख़्यालात बदल गए। एक शाम को दनिये के भटियार ख़ाने में उसने अपने भाई से कहा। "मेरी शादी कर दो नहीं तो मैं पागल हो जाऊंगा।"

भोलू बहुत संजीदा हो गया "तुम्हें नहीं मालूम– पन्द्रह रातें हो गईं हैं मुझे जागते हुए।" गामा ने कहा "क्यों क्या हुआ?"

कुछ नहीं यार– दायें-बायें जिधर नज़र डालो कुछ न कुछ हो रहा होता है।– आजीब आवाज़ें आती हैं– नींद क्या आएगी ख़ाक।"

गामा ज़ोर से अपनी घनी मूंछों में हंसा। भोलू शर्मा गया। वह जो कल्लन है, उसने तो हद ही कर दी है– साला रातभर बकवास करता रहता है। उसकी बीवी, साली की जुबान भी तालू से नहीं लगती– बच्चे पड़े रो रहे हैं मगर वह..."

गामा हस्बे-मामूल नशे में था। भोलू गया तो उसने दनिये के भटियार ख़ाने में अपने सब जानने वालों को ख़ूब चहक-चहक कर बताया कि उसके भाई को आजकल नींद नहीं आती। इसका कारण जब उसने अपने ख़ास अन्दाज़ में बयान किया तो सुनने वालों के पेट में हंस-हंस के बल पड़ गए। जब ये लोग भोलू से मिले तो उसका ख़ूब मज़ाक उड़ाया। कोई

उससे पूछता, "हां भाई कल्लन अपनी बीवी से क्या बातें करता है।" कोई कहता, मियां मुफ्त में मज़ा लेते हो– सारी रात फिल्में देखते रहते हो– सौ फ़ीसदी भांती बोलती।"

कुछ ने गन्दे–गन्दे मज़ाक़ किये, भोलू चिढ़ गया। गामा सूफी हालत में था तो उसने उससे कहा "तुमने तो यार मेरा मज़ाक़ बना दिया– देखो जो कुछ मैंने तुमसे कहा है झूट नहीं है। मैं इनसान हूं। खुदा की क़सम मुझे नींद नहीं आती। आज बीस दिन हो गए हैं जागते हुए– तुम मेरी शादी का बन्दोबस्त कर दो, वरना क़सम पंजतन पाक की मेरा खाना ख़राब हो जाएगा– भाभी के पास मेरा पांच–सौ रूपये जमा हैं– जल्दी करो बन्दोबस्त।"

गामा ने मूंछ मरोड़कर पहले कुछ सोचा फिर कहा, "अच्छा हो जाएगा बन्दोबस्त– तुम्हारी भाभी से आज ही बात करता हूं कि वह अपनी मिलने वालियों से पूछ–गुछ करे।"

डेढ़ महीने के अन्दर–अन्दर बात पक्की हो गई। समद कलईगर की लड़की आइशा गामा की बीवी को बहुत पसन्द आई, खूबसूरत थी, घर का काम काज जानती थी। वैसे समद भी शरीफ़ था। तन्दरुस्त था। जून के माह में शादी की तारीख़ तै की गई। समद ने बहुत कहा कि वह लड़की इतनी गर्मियों में व्याहेगा, भोलू ने जब ज़ोर दिया तो वह मान गया।

शादी से चार दिन पहले भोलू ने अपनी दुल्हन के लिये ऊपर कोठे पर टाट के पर्दे का बन्दोबस्त किया। बांस बड़ी मज़बूती से फर्श पर गाड़े– टाट ख़ूब कसकर लगाया। चारपाइयों पर नए खेस बिछाए। नई सुराही मुंडेर पर रखी। शीशे का ग्लास बाज़ार से ख़रीदा। सब काम उसने बड़े एहतराम से किये।

रात को जब वह टाट के पर्दे में घर आकर सोया तो अजीब–सा लगा। वह खुली हवा में सोने का आदी था। मगर अब उसको आदत डालनी थी। यही कारण है कि शादी से चार दिन पहले ही उसने यूं सोना शुरू कर दिया। पहली रात जब वह लेटा और उसने अपनी बीवी के बारे में सोचा तो वह पसीने में तर–बतर हो गया। उसके कानों में वह आवाज़ें गूंजने लगीं जो उसे सोने नहीं देती थीं और उसके दिमाग़ में तरह–तरह के परेशान ख़्यालात दौड़ते थे।

क्या वह भी ऐसी ही आवाज़ें पैदा करेगा? क्या आस–पास के लोग ये आवाज़ें सुनेंगे। क्या वह भी उसी की तरह रातें जाग–जाग कर काटेंगे। किसी ने अगर झांक लिया तो क्या होगा?

भोलू पहले से भी ज़्यादा परेशान हो गया। हर समय उसको यही बात सताती रहती कि टाट का पर्दा भी कोई पर्दा है, फिर चारों तरफ लोग बिखरे पड़े हैं। रात की ख़ामोशी में हल्की सरगोशी भी दूसरे के कानों तक पहुंच जाती है।– इस चारपाई पर बीवी लेटी है, उस चारपाई पर ख़ाविन्द पड़ा है, सैकड़ों आंखें, सैकड़ों कान आस-पास खुले हैं। नज़र न आने पर भी आदमी सब कुछ देख लेता है। हल्की-सी आहट पूरी तस्वीर बनकर सामने आ जाती है– ये टाट का पर्दा क्या है? सूरज निकलता है तो उसकी रौशनी सारी चीज़ों को बेनक़ाब कर देती है। वह सामने कल्लन अपनी बीवी की छातियां दबा रहा है। वह कोने में उसका भाई गामा लेटा है। तहबन्द खुलकर एक तरफ़ पड़ा है। इधर ईदु हलवाई की क्वांरी बेटी शादी का पेट छिदरे टाट से झांक-झांक कर देख रहा है।

शादी का दिन आया तो भोलू का जी चाहा कि वह कहीं भाग जाए मगर कहां जाता, अब तो वह जकड़ चुका था। ग़ायब हो जाता तो समद ज़रूर खुदकुशी कर लेता। उसकी लड़की पर जाने क्या गुज़रती जो तूफ़ान मचता वह अलग। अच्छा जो होता है होने दो– मेरे साथी और भी तो हैं। आहिस्ता-आहिस्ता आदत हो जाएगी मुझे भी।''– भोलू ने ख़ुद को ढारस दी और अपनी नई नवेली दुल्हन की डोली घर ले आया।

क्वार्टरों में चहल-पहल पैदा हो गई। लोगों ने भोलू और गामा को ख़ूब मुबारकबाद दी। भोलू के जो दोस्त थे, उन्होंने उसको छेड़ा और पहली रात के लिये कई कामयाब गुर बताए। भोलू ख़ामोशी से सुनता रहा। उसकी भाभी ने बन्दोबस्त कर दिया। गामा ने चार मोतिये के बड़े-बड़े हार तकिये के पास रख दिये। एक दोस्त उसके लिए जलेबियों वाला दूध ले आया।

देर तक वह क्वार्टर में अपनी दुल्हन के पास बैठा रहा। वह बेचारी शर्म की मारी सर झुकाए, घूंघट काढ़े सिमटी हुई थी। सख़्त गर्मी थी। भोलू का नया कुर्ता उसके जिस्म के साथ चिपका हुआ था पंखा झल रहा था। मगर हवा जैसे बिल्कुल ग़ायब ही हो गई थी। भोलू ने पहले सोचा था कि वह ऊपर कोठे पर नहीं जाएगा, नीचे क्वार्टर में ही रात काटेगा। मगर जब गर्मी इन्तहा को पहुंच गई तो वह उठा और दुल्हन से चलने को कहा।

रात आधी से ज़्यादा गुज़र चुकी थी। तमाम क्वार्टर ख़ामोशी में लिपटे हुए थे। भोलू का इस बात की तस्कीन थी कि सब सो रहे होंगे। कोई उसको नहीं देखेगा। चुप-चाप दबे क़दमों से वह अपने टाट के पर्दे के पीछे अपनी दुल्हन समेत दाख़िल हो जाएगा सुबह मूंह अन्धेरे नीचे उतर जाएगा।

जब वह कोठे पर पहुंचा तो बिल्कुल ख़ामोशी थी। दुल्हन ने शर्माते हुए क़दम उठाए तो पाज़ेब की नक़रई घुंघरू बजने लगे। एक दम भोलू ने महसूस किया कि चारों तरफ नींद बिखरी हुई थी चौंक कर जाग पड़ी है। चारपाइयों पर लोग करवटें बदलने लगे, खांसने खंखारने की आवाज़ें इधर-उधर उभरीं। दबी-दबी सरगोशियां उस तपी हुई फ़िज़ा में तैरने लगीं। भोलू ने घबराकर अपनी बीवी का हाथ पकड़ा और तेज़ी से टाट की ओट में चला गया। दबी-दबी हंसी की आवाज़ उसके कानों के साथ टकराई। उसकी घबराहट में इज़ाफ़ा हो गया। बीवी से बात की तो साथ ही खुसुर-फुसुर शुरू हो गई। दूर कोने में जहां कल्लन की जगह थी वहां चारपाई की चरचूं चरचूं होने लगी। ये धीमी पड़ी तो गामा की लोहे की चारपाई बोलने लगी– ईदू हलवाई की कुंवारी लड़की शादां ने दो-तीन बार उठकर पानी पिया। घड़े के साथ उसकी ग्लास टकरा जाती एक झनाका-सा पैदा होता। खेरे क़साई के लड़के की चारपाई से बार-बार माचिस जलाने की आवाज़ आती थी।

भोलू अपनी दुल्हन से कोई बात न कर सका। उसे डर था कि आस-पास के खुले हुए कान उसकी बात निगल जाएंगे और सारी चारपाईयां चरचूं-चरचूं करने लगेंगी। दम साधे वह ख़ामोश लेटा रहा। कभी-कभी सहमी हुई निगाह से अपनी बीवी की तरफ देख लेता जो गठरी-सी बनी दूसरी चारपाई पर लेटी थी। कुछ देर जागती रही फिर सो गई। भोलू ने चाहा कि वह भी सो जाए मगर उसको नींद न आई थोड़े-थोड़े क्षणों के बाद उसके कानों में आवाज़ें आती थीं– आवाज़ें जो फ़ौरन तस्वीर बनकर उसको आंखों के सामने गुज़र जाती थीं।

उसके दिल में बड़े वलवले थे, बड़ा जोश था। जब उसने शादी का इरादा किया था तो वह तमाम लज़्ज़तें जिनसे वह ना आशना था, उसके दिलो-दिमाग़ में चक्कर लगाती रहती थीं। उसको गर्मी महसूस होती थी। बड़ी राहत बख़्श गर्मी, मगर अब जैसे पहली रात से कोई दिलचस्पी ही नहीं थी। उसने रात में कई बार ये दिलचस्पी पैदा करने की कोशिश की मगर आवाज़ें– वह तस्वीरें खींचने वाली आवाज़ें, सब कुछ दरहम बरहम कर देतीं। वह ख़ुद को नंगा महसूस करता। अलीफ़ नंगा। जिसको चारों तरफ से लोग आंखें फाड़-फाड़ कर देख रहे हैं और हंस रहे हैं। सुबह चार बजे के क़रीब वह उठा, बाहर निकल कर उसने ठण्डे पानी का एक गिलास पिया। कुछ सोचा। वह झिझक जो उसके दिल में बैठ गई थी, उसको किसी

क़दर दूर किया। अब ठण्डी हवा चल रही थी जो काफ़ी तेज़ थी– भोलू की निगाहें कोने की तरफ़ मुड़ीं, कल्लन का घिसा हुआ टाट हिल रहा था वह अपनी बीवी के साथ बिल्कुल नंग-धड़ंग लेटा था, भोलू को बड़ी घिन आई। साथ ही गुस्सा भी आया कि हवा ऐसे कोठों पर क्यों चलती है। चलती है तो टाटों को क्यों छेड़ती है। उसके जी में आया कि कोठे पर जितने टाट हैं, सब नोच डाले और नंगा होकर नाचने लगे।

भोलू नीचे उतर गया। जब काम पर निकला तो कई दोस्त मिले। सबने उससे पहली रात की सरगुज़श्त पूछी। फूजेदर्जी ने उसे दूर ही से आवाज़ दी, "क्यों उस्ताद भोलू, कैसे रहे, कहीं हमारे नाम पर दाग़ तो नहीं लगा दिया तुमने।

छागे टीनसाज़ ने उससे बड़े राज़दाराना लहजे में कहा, "देखो अगर कोई गड़बड़ है तो बता दो। एक बड़ा अच्छा नुस्ख़ा मेरे पास मौजूद है।"

बाले ने उसके कन्धे पर बड़े ज़ोर से थप्पा मारा, "क्यों पहलवान कैसा रहा दंगल?"

भोलू ख़ामोश रहा।

सुबह उसकी बीवी मैके चली गई। पांच-छः रोज़ के बाद वापस आई तो भोलू को फिर उसी मुसीबत का सामना करना पड़ा। कोठे पर सोने वाले जैसे उसकी बीवी की आमद के मुन्तज़िर थे। चन्द रातें ख़ामोशी रही लेकिन जब वह ऊपर सोए तो वही खुसुर-फुसुर, वही चरचूं चरचूं, वही खांसना, खंखारना– वही घड़े के साथ ग्लास के टकराने के छनाके–करवटों पर करवटें, दबी दबी हंसी,– भोलू सारी रात अपनी चारपाई पर लेटा आसमान की तरफ देखता रहता। कभी-कभी एक ठण्डी आह भरकर अपनी दुल्हन को देख लेता और दिल में कुढ़ता, "मुझे क्या हो गया है– ये मुझे क्या हो गया है– ये मुझे क्या हो गया है।"

सात रातों तक यही होता रहा। आख़िर तंग आकर भोलू ने अपनी दुल्हन को मैके भेज दिया। बीस-पच्चीस दिन गुज़र गए तो गामा ने भोलू से कहा, "यार तुम बड़े अजीबो ग़रीब आदमी हो, नई-नई शादी और बीवी को मैके भेज दिया। इतने दिन हो गए हैं उसे गए हुए। तुम अकेले सोते कैसे हो।"

भोलू ने सिर्फ इतना कहा "ठीक है।"

गामा ने पूछा "ठीक क्या है– जो बात है बताओ। क्या तुम्हें पसन्द नहीं आई आइशा?"

"ये बात नहीं है।"

"ये बात नहीं है तो और क्या बात है?"

भोलू बात गोल कर गया। मगर थोड़े ही दिनों के बाद उसके भाई ने फिर बात छेड़ी। भोलू उठकर क्वार्टर के बाहर चला गया। चारपाई पड़ी थी उस पर बैठ गया। अन्दर से उसकी भाभी की आवाज़ सुनाई दी। वह गामा से कह रही थी "तुम जो कहते हो ना कि भोलू को आइशा नहीं पसंद आई, ये ग़लत है।"

गामा की आवाज़ आई "तो और क्या बात है?"

"भोलू को उससे दिलचस्पी क्यों नहीं।"

"दिलचस्पी क्या हो।"

"क्यों?"

गामा की बीवी का जवाब भोलू न सुन सका मगर उसके बावजूद उसको ऐसा महसूस हुआ कि उसकी सारी हस्ती किसी ने हबन में डाल कर कूट दी है।

एक दम गामा ऊंची आवाज़ में बोला।

"नहीं नहीं– ये तुम से किसने कहा।"

गामा की बीवी बोली "आइशा ने अपनी किसी सहेली से ज़िक्र किया– बात उड़ती-उड़ती मुझ तक पहुंच गई।"

बड़ी सदमा गदर आवाज़ में गामा ने कहा, "ये तो बहुत बुरा हुआ।"

भोलू के दिल में छुरी से पैवस्त हो गई। उसका दिमाग़ी तवाज़ुन बिगड़ गया। उठा और कोठे पर चढ़ कर जितने टाट लगे थे उखेड़ने शुरू कर दिये। खट-खट, फट-फट सुनकर लोग जमा हो गए। उन्होंने उसको रोकने की कोशिश की तो वह लड़ने लगा। बात बढ़ गई। कल्लन ने बांस उठाकर उसके सर पर दे मारा। भोलू चकरा कर गिरा और बेहोश हो गया जब होश आया तो उसका दिमाग़ चल चुका था।

अब वह अलीफ नंगा बाज़ारों में घूमता फिरता है। कहीं टाट लटकता देखता है तो उसको उतार कर टुकड़े कर देता है।

शान्ति

दोनों पेरे जीन डेरी के बाहर बड़े धारियों वाले छाते के नीचे कुर्सियों पर बैठे चाय पी रहे थे। उधर समुन्द्र था जिसकी गुनगुनाहट सुनाई दे रही थी। चाय बहुत गरम थी। इसलिये दोनों आहिस्ता-आहिस्ता घोंट भर रहे थे। सामने मोटी भौंवों वाली यहूदन की जानी पहचानी सूरत थी। ये बड़ा गोल-मोल चेहरा तीखी नाक, मोटे-मोटे बहुत ही ज़्यादा सुर्खी लगे होंट। शाम को हमेशा दरमियान वाले दरवाज़े के साथ वाली कुर्सी पर बैठी दिखाई देती थी। मक़बूल ने एक नज़र उसकी तरफ देखा और बलराज से कहा, "बैठी है जाल फेकने।"

बलराज मोटी भौंवों की तरफ़ देखे बग़ैर बोला। फंस जाएगी कोई न कोई मछली।"

मक़बूल ने एक पेस्ट्री मूंह में डाली। "ये कारोबार भी अजीब कारोबार है, कोई दुकान खोलकर बैठती है, कोई चल फिर के सौदा बेचती है। कोई इस तरह रेस्तरांनों में ग्राहक के इन्तज़ार में बैठी रहती है- जिस्म बेचना भी एक आर्ट है और मेरा ख़्याल है बहुत मुश्किल आर्ट है- ये मोटी भौंवों वाली कैसे ग्राहक को अपनी तरफ मुतवज्जह करती है। कैसे किसी मर्द को ये बताती होगी कि वह बिकाऊ है।"

बलराज मुस्कुराया "किसी रोज़ वक़्त निकाल कर कुछ देर यहां बैठी- तुम्हें मालूम हो जाएगा कि निगाहों ही निगाहों में क्यों कर सौदे होते हैं। इस जिन्स का भाव कैसे चुकता है।"

यह कहकर एक दम उसने मक़बूल का हाथ पकड़ा "इधर देखो, इधर।"

मक़बूल ने मोटी यहूदन की तरफ देखा। बलराज ने उसका हाथ दबाया। "नहीं यार– इधर कोने के छाते के नीचे देखो।"

मक़बूल ने उधर देखा। एक दुबली-पतली, गोरी-चिट्टी लड़की कुर्सी पर बैठ रही थी, बाल कटे हुए थे, नाक नक्शा ठीक था, हल्के ज़र्द रंग की जारजट की साड़ी में मलबूस थी। मक़बूल ने बलराज से पूछा, "कौन है ये लड़की?" बलराज ने उस लड़की की तरफ देखते हुए जवाब दिया, "अमां वही है जिसके बारे में तुमसे कहा था कि बड़ी अजीबो-ग़रीब है।"

मक़बूल ने कुछ देर सोचा, फिर कहा "कौन-सी यार?" तुम तो जिस लड़की से भी मिलते हो अजीबो ग़रीब ही होती है।"

बलराज मुस्कुराया "ये बड़ी ख़ासुल ख़ास है– ज़रा ग़ौर से देखो।"

मक़बूल ने ग़ौर से देखा। बालों का रंग भूरा था, हल्के बसन्ती रंग की साड़ी के नीचे छोटी आस्तीनों वाला बलाउज, पतली-पतली बहुत ही गोरी बांहें, लड़की ने अपनी गर्दन मोड़ी तो मक़बूल ने देखा कि उसके बारीक होंटों पर सुर्ख़ी फैली हुई थी। "मैं और तू– कुछ नहीं कह सकता मगर तुम्हारी इस अजीबो ग़रीब लड़की को सुर्ख़ी इस्तेमाल करने का सलीक़ा नहीं है।– अब और ग़ौर से देखा है तो साड़ी की पहनावे में भी ख़ामियां नज़र आईं हैं।

बाल संवारने का अन्दाज़ भी सुथरा नहीं।

बलराज हंसा। "तुम सिर्फ ख़ामियां ही देखते हो– अच्छाइयों पर तुम्हारी निगाह कभी नहीं पड़ती।" मक़बूल ने कहा "जो अच्छाइयां हैं वह अब बयान फरमा दीजिये लेकिन पहले ये बता दीजिये कि आप इस लड़की को ज़ाती तौर पर जानते हैं या– लड़की ने जब बलराज को देखा तो मुस्कुराई। मक़बूल रुक गया, "मुझे जवाब मिल गया, अब आप मोहतरमा की ख़ूबियां बता दीजिये।"

सबसे पहली ख़ूबी इस लड़की में ये है कि बहुत साफ-गो है। कभी झूट नहीं बोलती। जो उसूल उसने अपने लिये बना रखे हैं उन पर बड़ी पाबन्दी से अमल करती है। पर्सनल हाइजिन का बहुत ख़्याल रखती है। मुहब्बत वुहब्बत की बिल्कुल कायल नहीं। इस मामले में दिल इसका बर्फ़ है।"

बलराज ने चाय का आख़िरी घोंट पीया, "कहिये क्या ख़्याल है?"

मक़बूल ने लड़की को एक नज़र देखा, "जो ख़ूबियां तुमने बताई हैं एक ऐसी औरत में नहीं होनी चाहिए जिसके पास मर्द सिर्फ इस ख़्याल से

जाते हैं कि वह उनसे असली तो नहीं बनावटी मुहब्बत ज़रूर करेगी– खुद फरेबी में अगर ये लड़की किसी मर्द की मदद नहीं करती तो मैं समझता हूं बड़ी बेवक़ूफ़ है।''

... यही मैंने सोचा था– मैं तुम से क्या बयान करूं, रूखेपन की हद तक साफ़-गो है। उससे बातें करो तो कई बार धक्के से लगते हैं– एक घंटा हो गया। तुमने कोई काम की बात नहीं की... मैं चली, और ये जा वो जा– तुम्हारे मूंह से शराब की बू आती है, जाओ चले जाओ– साड़ी को हाथ मत लगाओ, मैली हो जाएगी।'' ये कहकर बलराज ने सिग्रेट सुलगाया, ''अजीबो-ग़रीब लड़की है। पहली दफा में जब उससे मुलाक़ात हुई तो मैं वाईगॉड चकरा गया। छुटते ही मुझ से कहा, फिफटी से एक पैसा कम नहीं, जेब में हैं तो चलो वरना मुझे और काम है।''

मक़बूल ने पूछा, ''नाम क्या है उसका।''

शान्ति बताया उसने– कश्मीरन है।

मक़बूल कश्मीरी था, चौंक पड़ा ''कश्मीरन।''

''तुम्हारी हमवतन।''

मक़बूल ने लड़की की तरफ देखा, नाक नक्शा साफ कश्मीरियों का था। यहां कैसे आई?''

''मालूम नहीं।''

''कोई रिश्तेदार है उसका?'' मक़बूल लड़की में दिलचस्पी लेने लगा।

''वहां कश्मीर में नहीं कह सकता– यहां बम्बई में अकेली रहती है।''

बलराज ने सिग्रेट एश्ट्रे में दबाया। ''हारबनी रोड पर एक होटल है, वहां उसने एक कमरा किराए पर ले रखा है– ये मुझे एक रोज़ संयोग से मालूम हो गया वरना ये अपने ठिकाने का पता किसी को नहीं देती। जिसको मिलना होता है, यहां पेरेज़ीन डेरी में चला आता है। शाम को पूरे पांच बजे आती है यहां।''

मक़बूल कुछ देर ख़ामोश रहा। फिर बेरे को इशारे से बुलाया और उससे बिल लाने के लिये कहा। इस दौरान में एक खुशपोश नौजवान आया और उस लड़की की पास वाली कुर्सी पर बैठ गया। दोनों बातें करने लगे। मक़बूल बलराज से मुख़ातिब हुआ। ''उससे कभी मुलाक़ात करनी चाहिए बलराज मुस्कुराया, ''ज़रूर ज़रूर– लेकिन इस वक़्त नहीं। मसरूफ़ है। कभी आ जाना यहां शाम को– और साथ बैठ जाना।''

मक़बूल ने बिल अदा किया दोनों दोस्त उठ कर चले गए। दूसरे रोज़

मक़्बूल अकेला आया और चाय का आर्डर देकर बैठ गया। ठीक पांच बजे वह लड़की गाड़ी से उतरी और पर्स हाथ में लटकाए मक़्बूल के पास से गुज़री। चाल भद्दी थी। जब वह कुछ दूर कुर्सी पर बैठ गई तो मक़्बूल ने सोचा "इसमें जिन्सी कशिश तो नाम की भी नहीं है। हैरत है कि इसका कारोबार क्योंकर चलता है– लिपिस्टिक कैसे बेहूदा तरीक़े से इस्तेमाल की है उसने– साड़ी की पहनावट आज भी ख़ामियों से भरी है।

फिर उसने सोचा कि उससे कैसे मिले। उसकी चाय मेज़ पर आ चुकी थी वर्ना उठकर वह उस लड़की के पास जा बैठता। उसने चाय पीना शुरू कर दी। इस दौरान में उसने हल्का-सा इशारा किया। लड़की ने देखा, कुछ देर के बाद उठी और मक़्बूल के सामने वाली कुर्सी पर बैठ गई। मक़्बूल पहले तो कुछ घबराया लेकिन फौरन ही फिर संभल कर लड़की से मुख़ातिब हुआ। "चाय शौक़ फरमाएंगी आप?"

"नहीं।"

उसके जवाबों के इख़्तेसार में रूखापन था। मक़्बूल ने कुछ देर ख़ामोश रहने के बाद कहा, "कश्मीरियों को तो चाय का बड़ा शौक़ होता है।

लड़की ने बड़े बेहंगम अन्दाज़ में पूछा "तुम चलना चाहते हो मेरे साथ।"

मक़्बूल को जैसे किसी ने ओंधे मुंह गिरा दिया। घबराहट में वह सिर्फ इस क़दर कह सका। लड़की ने कहा फिफटी रूपीज... यस और नो..?"

ये दूसरा रेला था मगर मक़्बूल ने अपने क़दम जमा लिये "चलिये।"

मक़्बूल ने चाय का बिल अदा किया। दोनों उठकर टेक्सी स्टैंड की तरफ रवाना हुए। रास्ते में उसने कोई बात न की। लड़की भी ख़ामोश रही। टेक्सी में बैठे तो उसने मक़्बूल से पूछा। कहां जाएगा तुम?

मक़्बूल ने जवाब दिया "जहां ले जाओगी।"

हम कुछ नहीं जानता– तुम बोलो किधर जाएगा।"

मक़्बूल को कोई जवाब न सूझा तो कहा "हम कुछ नहीं जानता।"

लड़की ने टैक्सी का दरवाज़ा खोलने को हाथ बढ़ाया। तुम कैसे आदमी हो– ख़ाली पीली जोक करता है।"

मक़्बूल ने उसका हाथ पकड़ लिया "मैं मज़ाक़ नहीं करता– मुझे तुम से सिर्फ बातें करनी हैं।"

वह बिगड़ कर बोली, "क्या– तुम तो बोला था फिफटी रूपीज

यस।''

मक़बूल ने जेब में हाथ डाला और दस-दस रूपये के पांच नोट निकाल कर उसकी तरफ बढ़ा दिये। ''ये लो घबराती क्यों हो''

उसने नोट ले लिये। ''तुम जायगा कहां।''

मक़बूल ने कहा ''तुम्हारे घर।''

''नहीं''

''क्यों नहीं''

तुम को बोला है नहीं– उधर ऐसी बात नहीं होगी।''

मक़बूल मुस्कुराया ''ठीक है। ऐसी बात उधर नहीं होगी।''

वह कुछ अश्चर्यचकित सी हुई। ''तुम कैसा आदमी है।

जैसा मैं हूं। तुमने बोला फिफटी रूपीज यस कि नो– मैंने कहा यस और नोट तुम्हारे हवाले कर दिये। तुमने बोला उधर ऐसी बात नहीं होगी– मैंने कहा बिल्कुल नहीं होगी– अब क्या कहती हो।''

लड़की सोचने लगी। मक़बूल मुस्कुराया ''देखो शान्ति, बात ये है कल तुम को देखा, एक दोस्त ने तुम्हारी कुछ बातें सुनाईं जो मुझे दिलचस्प मालूम हुईं। आज मैंने तुम्हें पकड़ लिया। अब तुम्हारे घर चलते हैं। वहां कुछ देर बातें करूंगा और चला जाऊंगा, तुम्हें ये मंजूर नहीं''

''नहीं– ये लो अपने फिफटी रूपीज'' लड़की के चेहरे पर झुंझलाहट थी।

''तुम्हें बस फिफटी रूपीज की पड़ी है– रूपये के अलावा भी दुनिया में और बहुत सी चीज़ें हैं– चलो ड्राइवर को अपना एड्रेस बताओ– मैं शरीफ़ आदमी हूं– तुम्हारे साथ कोई धोका नहीं करूंगा ''मक़बूल के अन्दाज़े गुफतुगू में सदाक़त थी। लड़की प्रभावित हुई उसने कुछ देर सोचा फिर कहा– ''चलो ड्राइवर हारबनी रोड।''

टैक्सी चली तो उसने नोट मक़बूल की जेब में डाल दिये। ''ये मैं नहीं लूंगी।''

मक़बूल ने इसरार न किया। ''तुम्हारी मर्ज़ी।''

टैक्सी एक पांच मंज़िला बिल्डिंग के पास रुकी। पहली और दूसरी मंज़िल पर मसासख़ाने थे। तीसरी, चौथी और पांचवी मंजिल होटल के लिए मख़सूस थी। बड़ी तंगो तार जगह थी। चौथी मंज़िल पर सीढ़ियों के सामने वाला शान्ति का। उसने पर्स से चाबी निकाल कर दरवाज़ा खोला। बहुत मुख़्तसर सामान था, लोहे का एक पलंग जिस पर उजली चादर बिछी थी।

कोने में ड्रेसिंग टेबल। एक स्टूल उस पर टेबिल फेन, चार ट्रंक थे वह पलंग के नीचे घेरे थे।

मक़बूल कमरे की सफाई से बहुत प्रभावित हुआ। हर चीज़ साफ सुथरी थी। तकिये के गिलाफ़ आम तौर पर मैले होते हैं। मगर उसके दोनों तकिये बेदाग़ गि़लाफों में मलफूफ थे। मक़बूल पलंग पर बैठने लगा तो शान्ति ने उसे रोका। ''नहीं–'' इधर बैठने की इजाज़त नहीं– हम किसी को अपने बिस्तर पर नहीं बैठने देता– कुर्सी पर बैठो–'' ये कह कर वह खुद पलंग पर बैठ गई। मक़बूल मुस्कुरा कर कुर्सी पर टिक गया।

शान्ति ने अपना पर्स तकिये के नीचे रखा और मक़बूल से पूछा! ''बोलो– क्या बातें करना चाहते हो?'' मक़बूल ने शान्ति की तरफ़ ग़ौर से देखा। ''पहली बात तो ये है तुम्हें होंटों पर लिपिस्टिक लगानी बिल्कुल नहीं आती।''

शान्ति ने बुरा न माना। सिर्फ़ इतना कहा, ''मुझे मालूम है।''

''उठो, मुझे लिपिस्टिक दो मैं तुम्हें सिखाता हूं।'' ये कह कर मक़बूल ने अपना रूमाल निकाला।

शान्ति ने उससे कहा ''ड्रेसिंग टेबिल पर पड़ा है, उठा लो।''

मक़बूल ने लिपिस्टिक उठाई, उसे खोलकर देखा, ''इधर आओ मैं तुम्हारे होंट पोछूं।''

''तुम्हारे रूमाल से नहीं– मेरा लो।'' ये कहकर उसने ट्रंक खोला और एक धुला हुआ रूमाल मक़बूल को दिया। मक़बूल ने उसके होंट पोंछे। बड़ी नफ़ासत से नई सुर्खी उस पर लगाई। फिर कंघी से उसके बाल ठीक किये और कहा। ''लो अब आइना देखो।''

शान्ति उठ कर ड्रेसिंग टेबिल के सामने खड़ी हो गई। बड़े ग़ौर से उसने अपने होंटों और बालों का मुआइना किया। पसंदीदा नज़रों से तब्दीली महसूस की और पलट कर मक़बूल से सिर्फ इतना कहा। ''अब ठीक है।'' फिर पलंग पर बैठ कर पूछा ''तुम्हारा कोई बीवी है।''

मक़बूल ने जवाब दिया ''नहीं''

कुछ देर ख़ामोश रही। मक़बूल चाहता था बातें हों, चुनांचे सिलसिला-ए-कलाम जारी शुरू किया ''इतना तो मुझे मालूम है तुम कश्मीर की रहने वाली हो, तुम्हारा नाम शान्ति है, यहां रहती हो– ये बताओ तुमने फिफटी रूपीज का मामला क्यो शुरू किया?''

शान्ति ने बेतकल्लुफ़ जवाब दिया, ''मेरा फादर श्री नगर में डाक्टर

है– मैं वहां हास्पीटल में नर्स था। एक लड़के ने मुझ को ख़राब कर दिया– मैं भाग कर इधर को आ गई। यहां हमको एक आदमी मिला, वह हमको फिफटी रूपीज़ दिया– बोला तुम हमारे साथ चलो। हम गया, बस काम चालू हो गया– हम यहां होटल में आ गया– पर हम इधर किसी से बात नहीं करती– सब रंडी लोग है– किसी को यहां नहीं आने देती।''

मक़बूल ने कुरेद-कुरेद कर तमाम वाक़िया मालूम करना मुनासिब ख़्याल न किया। कुछ और बातें हुईं जिनसे उसे पता चला कि शान्ति को जिन्सी मामले में कोई दिलचस्पी नहीं थी। जब उसका ज़िक्र आया तो उसने बुरा-सा मूंह बना कर कहा ''आई डोंट लाइक दैट इज़ बैड''

उसके नज़दीक फिफटी रूपीज़ का मामला एक कारोबारी मामला था। श्रीनगर के हस्पताल में जब किसी लड़के ने उसको ख़राब किया तो जाते वक़्त दस रूपिये देना चाहे। शान्ति को बहुत गुस्सा आया। नोट फाड़ दिया। इस वाक़िये का उसके दिमाग़ पर ये असर हुआ कि उसने बाक़ायदा कारोबार शुरू कर दिया। पचास रूपये फीस खुद-ब-खुद मुकर्रर हो गई। अब लज़्ज़त का सवाल ही कहां पैदा होता था। चूंकि नर्स रह चुकी थी इसलिये बड़ी मोहतात रहती थी।

एक वर्ष हो गया था, उसे बम्बई आए हुए। इस दौरान में उसने दस हज़ार रूपये बचाए होते मगर उसको रेस खेलने की लत पड़ गई। पिछली रेसों पर उसके पांच हज़ार उड़ गए। उसको यक़ीन था कि वह नई रेसों पर ज़रूर जीतेगी। ''हम अपना लॉस पूरा कर लेगा।''

उसके पास कौड़ी-कौड़ी का हिसाब मौजूद था। सौ रूपये रोज़ाना कमा लेती थी जो फौरन बैंक में जमा करा दिये जाते थे। सौ से ज़्यादा नहीं कमाना चाहती थी। उसको अपनी सेहत का बहुत ख़्याल था।

दो घंटे गुज़र गए तो उसने अपनी घड़ी देखी और मक़बूल से कहा ''अब तुम जाओ– हम खाना खाएगा और सो जाएगा'' मक़बूल उठकर जाने लगा तो उसने कहा ''बातें करने आओ तो सुबह के टाइम आओ। शाम के टाइम हमरा नुक़सान होता है।''

मक़बूल ने ''अच्छा'' कहा और चल दिया। दूसरे सुबह दस बजे के क़रीब मक़बूल शान्ति के पास पहुंचा। उसका ख़्याल था कि वह उसकी आमद पसन्द नहीं करेगी। मगर उसने कोई नागवारी ज़ाहिर न की। मक़बूल देर तक उसके पास बैठा रहा। इस दौरान शांति को सही तरीक़े पर साड़ी पहननी सिखाई। लड़की ज़हीन थी जल्दी सीख गई।

कपड़े उसके पास काफी तादाद में और अच्छे थे। ये सब के सब उसने मक़बूल को दिखाए। उसमें बचपना था न बुढ़ापा। शबाब भी नहीं था। वह जैसे कुछ बनते-बनते एक दम रुक गई। एक ऐसे मुक़ाम पर ठहर गई थी जिसके मौसम का निर्धारण नहीं हो सकता, वह ख़ूबसूरत थी न बदसूरत , औरत थी न लड़की। वह फूल थी न कली। शाख़ थी न तना। उसको देख कर किसी-किसी समय मक़बूल को बड़ी उलझन होती थी। वह उसमें वो नुक्ता देखना चाहता था जहां उसने ख़िल्त-मिल्त होना शुरू किया था।

शान्ति के मुतअल्लिक़ और ज़्यादा जानने के लिये मक़बूल ने उसे हर दूसरे तीसरे रोज़ मिलना शुरू कर दिया। वह उसकी ख़ातिर मदारात नहीं करती थी। लेकिन अब उसने उसको अपने साफ़ सुथरे बिस्तर पर बैठने की इजाज़त देदी थी। एक दिन मक़बूल को बहुत तअज्जुब हुआ जब शांति ने उससे कहा "तुम कोई लड़की मांगता?"

मक़बूल ने उससे पूछा कि ऐसा उसे क्यों ख़्याल आया। क्यों उसने ये सवाल किया तो वह ख़ामोश हो गई। मक़बूल ने इसरार किया तो शांति ने बताया कि मक़बूल उसे एक बेकार औरत समझता है। उसको हैरत है कि मर्द उसके पास क्यों आते हैं जबकि वह इतनी ठण्डी हैं। मक़बूल उससे सिर्फ बातें करता है और चला जाता है। वह उसे खिलौना समझता है आज उसने सोचा मुझ जैसी सारी औरतें तो नहीं। मक़बूल को औरत की ज़रूरत है क्यों न वह उसे एक मंगा दे।

मक़बूल ने पहली बार शांति की आंखों में आंसू देखे। एक दम वह उठी और चिल्लाने लगी "हम कुछ भी नहीं है– जाओ चले जाओ– हमारे पास क्यों आता है तुम– जाओ।"

मक़बूल ने कुछ न कहा ख़ामोशी से उठा और चला गया।

लगातार एक हफ्ता तक वह पेरेजीन डेरी जाता रहा। मगर शांति दिखाई न दी। आख़िर एक सुबह उसने उसके होटल का रुख़ किया। शांति ने दरवाज़ा खोल दिया मगर कोई बात न की। मक़बूल कुर्सी पर बैठ गया– शांति के होंटों पर सुर्ख़ी पुराने भद्दे तरीक़े पर लगी थी। बालों का हाल भी पुराना था। साड़ी की पहनावट और ज़्यादा ख़राब थी। मक़बूल उससे मुख़ातिब हुआ "मुझ से नाराज़ हो?"

शांति ने जवाब न दिया और पलंग पर बैठ गई। मक़बूल ने तुन्द लहजे में पूछा "भूल गईं जो मैंने सिखाया था?"

शांति खामोश रही। मक़बूल ने गुस्से में कहा "जवाब दो वर्ना

मारूंगा।''

शांति ने सिर्फ इतना कहा ''मारो''

मक़बूल ने उठ कर एक ज़ोर का चांटा उसके मुंह पर जड़ दिया– शांति बिलबिला उठी। उसकी हैरतज़दा आंखों से आंसू टपटप गिरने लगे। मक़बूल ने जेब से अपना रूमाल निकाला। गुस्से में उसके होंटों की भद्दी सुर्खी पोंछी। उसने मजाहिमत की लेकिन मक़बूल अपना काम करता रहा। लिपिस्टिक उठा कर नई सुर्खी लगाई। कंधे से उसके बाला संवारे, फिर उसने आज्ञा के लहजे में कहा ''साड़ी ठीक करो अपनी।''

शांति उठी और साड़ी ठीक करने लगी मगर एक दम उसने फूट-फूट कर रोना शुरू कर दिया। और रोती-रोती ख़ुद को बिस्तर पर गिरा दिया। मक़बूल थोड़ी देर ख़ामोश रहा जब शांति के रोने की शिद्दत कुछ कम हुई तो उसके पास जाकर कहा, ''शांति उठो– मैं जा रहा हूं।''

शांति ने तड़प कर करवट बदली और चिल्लाई– ''नहीं नहीं– तुम नहीं जा सकते।'' और दोनों बाजू फैला कर दरवाज़े के दर्मियान खड़ी हो गई। ''तुम गया तो मार डालूंगी।''

वह हांप रही थी। उसका सीना जिसके मुतल्लिक़ मक़बूल ने कभी ग़ौर ही नहीं किया था जैसे गहरी नींद से उठने की कोशिश कर रहा हो। मक़बूल को हैरतज़दा आंखों के सामने शांति ने तले-ऊपर बड़ी सुरअत से कई रंग बदले। उसकी नमनाक आंखें चमक रही थीं। सुर्ख़ी लगे बारीक होंट होले-होले लरज़ रहे थे। एक दम आगे बढ़कर मक़बूल ने उसको अपने सीने से भींच लिया।

दोनों पलंग पर बैठे तो शांति ने अपना सर आगे कर मक़बूल की गोद में डाल दिया। उसके आंसू बन्द होने ही में न आते थे। मक़बूल ने उसको प्यार किया, रोना बन्द करने के लिए कहा तो वह आंसुओं में अटक-अटक कर बोली। ''उधर श्रीनगर में– एक आदमी ने– हम को मार दिया है– इधर एक आदमी ने– हमको ज़िन्दा कर दिया।''

दो घंटे के बाद जब मक़बूल जाने लगा तो उसने जेब से पचास रूपये निकाल कर शांति के पलंग पर रखे और मुस्कुरा कर कहा ''ये लो फिफटी रूपीज़।''

शांति ने बड़े गुस्से और नफरत से नोट उठाए और फेंक दिये। फिर उसने तेज़ी से अपनी ड्रसिंग टेबिल का एक दरवाज़ा खोला और मक़बूल से कहा, ''इधर– देखो ये क्या है?'' मक़बूल ने देखा दराज़ में सौ-सौ के

कई नोटों के टुकड़े पड़े थे। मुठ्ठी भर के शांति ने उठाए और हवा में उछाले। "हम अब ये नहीं मांगता।"

मक़बूल मुस्कुराया, होले से उसने शांति के गाल पर एक छोटी-सी चपत लगाई और पूछा "अब तुम क्या मांगता है। शांति ने जवाब दिया "तुम को" ये कहकर वह मक़बूल के साथ चिमट गई और रोना शुरू कर दिया।

मक़बूल ने उसके बाल संवारते हुए बड़े प्यार से कहा " रोओ नहीं– तुमने जो मांगा है वह तुम्हें मिल गया है।"

ख़ालिद मियां

मुमताज़ ने सुबह सवेरे उठ कर हस्बे मामूल तीनों कमरों में झाडू दी। कोनों ख़दरों से सिग्रेट के टुकड़े, माचिस की जली हुई तीलियां और इसी तरह की और चीज़ें ढूंड-ढूंड कर निकालीं जब तीनों कमरे अच्छी तरह साफ हो गए तो उसने इत्मीनान का सांस लिया।

उसकी बीवी बाहर सेहन में सो रही थी। बच्चा पिंगोड़े में था। मुमताज़ हर रोज़ सुबह सवेरे उठकर सिर्फ इसलिये तीनों कमरे में झाडू देता था कि उसका लड़का ख़ालिद अब चलता फिरता था और आम बच्चों की मानिन्द, हर चीज़ जो उसके सामने आए उठा कर मुंह में डाल लेता था।

मुमताज़ हर दिर तीनों कमरे बड़ी एहतियात से साफ करता मगर उसको हैरत होती जब ख़ालिद फर्श पर अपने नाख़ुनों की मदद से कोई न कोई चीज़ उठा लेता। फर्श का प्लास्टर कई जगह उखड़ा हुआ था जहां कुड़े करकट के छोटे-छोटे जर्रे फंस जाते थे, मुमताज़ अपनी तरफ से पूरी सफाई करता मगर कुछ न कुछ बाक़ी रह जाता जो उसका पलूठी का बेटा ख़ालिद जिसकी उम्र अभी एक वर्ष की नहीं हुई थी, उठाकर अपने मुंह में डाल लेता।

मुमताज़ को सफाई का ख़ब्त हो गया, अगर वह ख़ालिद को कोई चीज़ फर्श पर से उठाकर अपने मुंह में डालते देखता तो वो ख़ुद को उसका मुल्ज़िम समझता। अपने आपको दिल ही दिल में कोसता कि उसने क्यों बदएहतियाती की। ख़ालिद से उसको प्यार ही नहीं इश्क़ था लेकिन अजीब बात है कि जूं-जूं ख़ालिद की पहली सालग्रह का दिन नज़दीक आता था उसका ये वहम यक़ीन की सूरत इख़्तियार करता जाता था कि उसका बेटा

एक साल का होने से पहले-पहले मर जाएगा।

अपने इस ख़ौफनाक वहम का ज़िक्र मुमताज़ अपनी बीवी से कर चुका था। मुमताज़ के मुतअल्लिक़ ये मशहूर था कि वह औहाम का बिल्कुल क़ायल नहीं उसकी बीवी ने जब पहली बार उसके मुंह से ऐसी बातें सुनीं तो कहा "आप और ऐसे वहम– अल्लाह के फ़ज़्लो-करम से हमारा बेटा सौ साल ज़िन्दा रहेगा।– मैंने उसकी पहली सालग्रह के लिए ऐसा ऐहतमाम किया है कि आप दंग रह जाएंगे।"

ये सुनकर मुमताज़ के दिल को एक धक्का-सा लगा था। वह कब चाहता था कि उसका बेटा ज़िन्दा न रहे लेकिन उसके वहम का क्या इलाज था– ख़ालिद बड़ा तंदरुस्त बच्चा था। सर्दियों में जब नौकर एक दफा उसको बाहर सैर के लिए ले गया तो वापस आकर उसने मुमताज़ की बीवी से कहा था "बेगम साहब आप ख़ालिद मियां के गालों पर सुर्ख़ी न लगाया करें– किसी की नज़र लग जाएगी।"

ये सुन कर उसकी बीवी बहुत हंसी थी "बेवकूफ मुझे क्या ज़रूरत है सुर्ख़ी लगाने की, माशाअल्लाह उसके गाल ही क़ुदरती लाल हैं।"

सर्दियों में ख़ालिद के गाल बहुत सुर्ख़ रहते थे मगर अब गर्मियों में कुछ ज़र्दी मायल हो गए थे, उसको पानी का बहुत शौक था चुनांचे जब वह अंगड़ाई लेकर उठता और दूध की बोतल पी लेता दफतर जाने से पहले मुमताज़ उसको पानी की बाल्टी में खड़ा कर देता। देर तक वह पानी में छींटे उड़ा-उड़ा कर खेलता रहता, मुमताज़ और उसकी बीवी ख़ालिद को देखते और बहुत खुश होते लेकिन मुमताज़ की खुशी में ग़म का एक बरकी धक्का ज़रूर होता, वह सोचता खुदा मेरी बीवी की ज़ुबान मुबारक करे लेकिन ये क्या है कि मुझे उसकी मौत का खटका रहता है– ये वहम क्यों मेरे दिमाग़ में बैठ गया है? कि ये मर जाएगा– क्यों मर जाएगा? अच्छा भला सेहतमन्द है अपनी उम्र के बच्चों से कहीं ज़्यादा सेहतमन्द। मैं यक़ीनन पागल हूं। इससे मेरी हद से ज़्यादा हुई मुहब्बत दरअसल इस वहम का कारण है। लेकिन मुझे इससे इतनी मुहब्बत क्यों है?–क्या सारे बाप इसी तरह बच्चों से प्यार करते हैं– क्या हर बाप को अपनी औलाद की मौत का खटका लगा रहता है। मुझे आख़िर हो क्या गया है।

मुमताज़ ने जब हसबे मामूल तीनों कमरे अच्छी तरह साफ कर दिये तो वह फर्श पर चटाई बिछा कर लेट गया। ये उसकी आदत थी सुबह उठकर झाडू वग़ैरह देकर वह गर्मियों में ज़रूर आधे घंटे के लिए चटाई पर

लेटा करता था। बग़ैर तकिये के इस तरह उसको लुत्फ महसूस होता था।

लेट कर वह सोचने लगा परसों मेरे बच्चे की पहली सालग्रह है– अगर ये बख़ैरो आफ़ियत गुज़र जाए तो मेरे दिल का सारा बोझ हल्का हो जाएगा और मेरा वहम बिल्कुल दूर हो जाएगा– अल्लाह मियां ये सब तेरे हाथ में है।

उसकी आंखें बन्द थीं दफ़अतन उसने अपने नंगे सीने पर बोझ महसूस किया, आंखें खोलीं तो देखा ख़ालिद है। उसकी बीवी पास खड़ी थी उसने कहा सारी रात बेचैन-सा रहा है सोते में जैसे डर-डर के कापंता रहा है। ख़ालिद मुमताज़ के सीने पर ज़ोर से कांपा। मुमताज़ ने उस पर हाथ रखा और कहा "खुदा मेरे बेटे का मुहाफ़िज़ हो।"

मुमताज़ की बीवी ने ख़फ़गी-आमेज़ लहजे़ में कहा "तौबा आपको बस वहमों ने घेर रखा है, हल्का-सा बुख़ार है, इनशाअल्लाह दूर हो जाएगा।"

ये कह कर मुमताज़ की बीवी कमरे से बाहर चली गई। मुमताज़ ने होले-होले बड़े प्यार से ख़ालिद को थपकना शुरू किया जो उसकी छाती पर ओंधा लेटा था और सोते में कभी-कभी कांप उठता था, थपकने से वह जाग पड़ा। आहिस्ता-आहिस्ता उसने अपनी बड़ी-बड़ी सियाह आंखें खोलीं और बाप को देख कर मुस्कुराया, मुमताज़ ने उसका मुंह चूमा "क्यों मियां ख़ालिद क्या बात है– आप कांपते क्यों थे?" ख़ालिद ने मुस्कुरा कर अपना उठा हुआ सर बाप की छाती पर गिरा दिया मुमताज़ ने फिर उसको थपकाना शुरू कर दिया। दिल में वह दुआएं मांग रहा था कि उसके बेटे की उम्र दराज़ हो। उसकी बीवी ने ख़ालिद की पहली सालग्रह के लिये बड़ा एहतमाम किया था। अपनी सारी सहेलियों से कहा था कि वह इस तक़रीब पर ज़रूर आएें। दर्ज़ी से ख़ास तौर पर उसकी सालग्रह के कपड़े सिलवाए थे। दावत पर क्या-क्या चीज़ होगी ये सब-सोच लिया था। मुमताज़ को ये ठाठ पसन्द नहीं था। वह चाहता था किसी को ख़बर न हो और सालग्रह गुज़र जाए। खुद उसको भी पता न चले और उसका बेटा एक वर्ष का हो जाए। उसको इस बात का इल्म सिर्फ उस वक़्त हो जब ख़ालिद एक वर्ष और कुछ दिनों का हो गया हो।

ख़ालिद अपने बाप की छाती पर से उठा मुमताज़ ने उस से मुहब्बत में डूबे हुए लहजे़ में कहा "ख़ालिद बेटा, सलाम नहीं करोगे अब्बाजी को।"

ख़ालिद ने मुस्कुरा कर हाथ उठाया और अपने सर पर रख दिया, मुमताज़ ने उसको दुआ दी "जीते रहो" लेकिन ये कहते ही उसके दिल पर उसके वहम की ज़रब लगी और वह ग़मो-फ़िक्र के समुन्द्र में ग़र्क़ हो गया।

ख़ालिद सलाम करके कमरे से बाहर निकल गया। दफ्तर जाने में अभी काफी वक़्त था। मुमताज़ चटाई पर लेटा रहा और अपने वहम को दिलो दिमाग़ से दूर करने की कोशिश करता रहा इतने में बाहर सेहन से उसकी बीवी की आवाज़ आई "मुमताज़ साहब, मुमताज़ साहब– इधर आइये।"

आवाज़ में शदीद घबराहट थी। मुमताज़ चौंक कर उठा दौड़ कर बाहर गया, देखा कि उसकी बीवी ख़ालिद का गुसुल ख़ाने के बाहर गोद में लिये खड़ी है और वह उसकी गोद में बल पे बल खा रहा है– मुमताज़ ने उसको अपनी बाहों में लिया और बीवी से जो कांप रही थी पूछा क्या हुआ? उसकी बीवी ने ख़ौफ़ज़दा लहजे में कहा "मालूम नहीं– पानी से खेल रहा था– मैंने नाक साफ की तो दोहरा हो गया।"

मुमताज़ की बाहों में ख़ालिद ऐसे बल खा रहा था जैसे कोई उसे कपड़े की तरह निचोड़ रहा है। सामने चारपाई पड़ी थी। मुमताज़ ने उसको वहां लिटा दिया मियां बीवी सख़्त परेशान थे। वह पड़ा बल पे बल खा रहा था और उन दोनों के औसान ख़ता थे कि वह क्या करे। थपकाया, चूमा, पानी के छोटे मारे मगर उसका ऐंठन दूर न हुआ। थोड़ी देर के बाद ख़ुद-ब-ख़ुद दौरा आहिस्ता-आहिस्ता ख़त्म हो गया और ख़ालिद पर बेहोशी-सी तारी हो गई। मुमताज़ ने समझा मर गया है चुनांचे उसने अपनी बीवी से कहा ख़त्म हो गया। वह चिल्लाई लाहौल वला... कैसी बातें मुंह से निकालते हैं। दौरा था ख़त्म हो गया। अभी ठीक हो जाएगा।

ख़ालिद ने अपनी मुरझाई हुई बड़ी-बड़ी सियाह आंखें खोलीं और अपने बाप की तरफ देखा, मुमताज़ की सारी दुनियां ज़िन्दा हो गई। बड़े ही दर्द भरे प्यार से उसने ख़ालिद से कहा "क्यों ख़ालिद बेटा– ये क्या हुआ था आपको?"

ख़ालिद के होंठों पर मुस्कुराहट नमूदार हुई मुमताज़ ने उसको गोद में उठ लिया और अन्दर कमरे में ले गया। लिटाने ही वाला था कि दूसरा दौरा आया। ख़ालिद फिर बल खाने लगा जिस तरह मिरगी का दौरा होता है। ये दौरा भी उसी क़िस्म का था। मुमताज़ को ऐसा महसूस होता कि ख़ालिद नहीं बल्कि वह ख़ुद इस अज़ीयत के शिकंजे में कसा जा रहा है।

दूसरा दौरा ख़त्म हुआ ख़ालिद और ज़्यादा मुर्झा गया उसकी बड़ी-बड़ी सियाह आंखें धंस गईं। मुमताज़ उससे बातें करने लगा।

"ख़ालिद बेटे ये क्या होता है आपको?"

"ख़ालिद मियां उठो ना- चलो फिरो"

"ख़ालिद- मक्खन खाएंगे आप?"

ख़ालिद को मक्खन बहुत पसन्द था मगर उसने ये सुन कर अपना सर हिला कर हां ना की, लेकिन जब मुमताज़ ने कहा गुग्गु खाएंगे आप? तो उसने नहीफ़ अन्दाज़ में नहीं के तौर पर अपना सर हिलाया। मुमताज़ मुस्कुराया और ख़ालिद को अपने गले से लगा लिया फिर उसको अपनी बीवी के हवाले किया और उससे कहा तुम इसका ध्यान रखो मैं डाक्टर लेकर आता हूं।

डाक्टर साथ लेकर आया तो मुमताज़ की बीवी के होश उड़े हुए थे। उसकी ग़ैर हाज़िरी में ख़ालिद पर तीन और दौरे पड़ चुके पड़ चुके थे। इन के कारण वह बेजान सा हो गया था। डाक्टर ने उसे देखा और तरद्दुद की कोई बात नहीं ऐसे दौरा... बच्चों को अमूमन आया करता है- इसकी वजह दांत हैं मेदे में कृमि वग़ैरह हो तो भी इसका कारण हो सकते हैं- मैं दवा लिख देता हूं, आराम आ जाएगा। बुख़ार तेज़ नहीं हैं, आप कोई फिक्र न करें।

मुमताज़ ने दफ्तर से छुट्टी ले ली और सारा दिन ख़ालिद के पास बैठा रहा। डाक्टर के जाने के बाद उसको दो मर्तबा और दौरे पड़े उसके बाद वह निढाल लेटा रहा, शाम हो गई तो मुमताज़ ने सोचा शायद अब अल्लाह का फ़ज़्ल हो गया है- इतने अर्से में कोई दौरा नहीं आया- ख़ुदा करे रात इसी तरह कट जाए।

मुमताज़ की बीवी भी ख़ुश थी अल्लाह तआला ने चाहा तो कल मेरा ख़ालिद दौड़ता फिरेगा। रात को चूंकि मुकर्ररा औक़ात पर दवा देनी थी इसलिये मुमताज़ चारपाई पर न लेटा कि शायद सो जाए। ख़ालिद के पिंगोरे के पास आराम कुर्सी रख कर वह बैठ गया और सारी रात जागता रहा, क्योंकि ख़ालिद बेचैन था। कांप-कांप कर बार-बार जागता था, हरारत भी तेज़ थी।

सुबह सात बजे के क़रीब मुमताज़ ने थर्मामीटर लगा के देखा एक सौ चार डिग्री बुख़ार था। डाक्टर बुलाया उसने तो डाक्टर ने कहा: शक की कोई बात नहीं। ब्रोंकाइटिस है, मैं नुस्खा लिख देता हूं तीन-चार रोज में

आराम हो जाएगा।

डाक्टर नुस्ख़ा लिख कर चला गया। मुमताज़ दवा बनवा लाया। ख़ालिद को एक खुराक पिलाई मगर उसको तस्कीन न हुई। दस बजे के क़रीब वह एक बड़ा डाक्टर लाया। उसने अच्छी तरह ख़ालिद को देखा और तसल्ली दी, घबराने की कोई बात नहीं– सब ठीक हो जाएगा। सब ठीक न हुआ बड़े डाक्टर की भी दवा बे-असर साबित हुई। बुख़ार तेज़ होता गया मुमताज़ के नौकर ने कहा– "साहब बीमारी वग़ैरा कोई नहीं– ख़ालिद मियां को नज़र लग गई है। मैं एक तावीज़ लिखवा कर लाया हूं। अल्लाह के हुक्म से यूं चुटकियों में असर करेगा।"

सात कुंओं का पानी इकट्ठा किया गया। उसमें तावीज़ घोल कर पिलाया गया। कोई असर न हुआ। हमसाई आई वह एक यूनानी दवा तजवीज़ कर गई मुमताज़ ये दवा ले आया। मगर उसने ख़ालिद को न दी। शाम को मुमताज़ का एक रिश्तेदार आया साथ उसका एक डाक्टर था उसने ख़ालिद की देखा और कहा मलेरिया है– इतना बुख़ार मलेरिया ही में होता है– आप इस पर बर्फ का पानी डालिये मैं कौनैन का इन्जक्शन देता हूं। बर्फ का पानी डाला गया बुख़ार एक दम कम हो गया। दर्जा-ए-हरारत 98 डिग्री तक आ गया। मुमताज़ और उसकी बीवी की जान में जान आई लेकिन थोड़े ही अर्से में बुख़ार बहुत ही तेज़ हो गया। मुमताज़ ने थर्मामीटर लगाकर देखा दर्जा-ए-हरारत एक सौ छे तक पहुंच गया था।

हमसाई आई उसने ख़ालिद को मायूस नज़रों से देखा। और मुमताज़ की बीवी से कहा "बच्चे की गर्दन का मंका टूट गया है।"

मुमताज़ और उसकी बीवी के दिल बैठ गए। मुमताज़ ने नीचे कारख़ाने से हस्पताल फोन किया। हस्पताल वालों ने कहा मरीज़ को ले आओ। मुमताज़ ने फौरन तांगा मंगवाया ख़ालिद को गोद में लिया, बीवी को साथ बिठाया और हस्पताल का रूख़ किया। सारा दिन वह पानी पीता रहा था मगर प्यास थी कि बुझती ही नहीं थी। हस्पताल जाते हुए रास्ते में उसका हलक़ बेहद खुश्क़ हो गया उसने सोचा उतर कर किसी दुकान से एक गिलास पानी पी ले लेकिन खुदा मालूम कहां से ये वहम एक दम उसके दिमाग़ में आन टपका देखो अगर तुमने पानी पीया तो तुम्हारा ख़ालिद मर जाएगा।

मुमताज़ का हलक़ सूख के लकड़ी हो गया मगर उसने पानी न पीया। हस्पताल के क़रीब तांगा पहुंचा तो उसने सिग्रेट सुलगाया। दो ही कश लिये

थे कि उसने एक दम सिग्रेट फेंक दिया उसके दिमाग़ में ये वहम गूंजा था "मुमताज़ सिग्रेट न पीयो बच्चा मर जाएगा। मुमताज़ ने तांगा ठहराया उसने सोचा ये क्या हिमाक़त है– ये वहम सब फ़िज़ूल हैं सिग्रेट पीने से बच्चे पर क्या आफ़त आ सकती है।

तांगे से उतर कर उसने सड़क पर से सिग्रेट उठाया, वापस तांगे में बैठ कर जब उसने कश लेना चाहा तो किसी ना मालूम ताक़त ने उसको रोका, मुमताज़ ऐसा न करो ख़ालिद मर जाएगा।

मुमताज़ ने सिग्रेट ज़ोर से फेंक दिया– तांगे वाले ने घूर के उसको देखा। मुमताज़ ने महसूस किया जैसे उसको उसकी दिमाग़ी कैफियत का इल्म है और वह उसका मज़ाक़ उड़ा रहा है अपनी ख़िफ़्फ़त दूर करने की ख़ातिर उसने तांगे वाले से कहा "ख़राब हो गया था सिग्रेट" ये कहकर उसने जेब से एक नया सिग्रेट निकाला सुल्गाना चाहा मगर डर गया उसके दिलो–दिमाग़ में हलचल सी मच गई। इदराक कहता था ये औहाम सब फ़िज़ूल हैं मगर कोई ऐसी आवाज़ थी, कोई ऐसी ताक़त थी जो उसकी मंतिक़ उसके इस्तदलाल "उसके इद्‌राक पर ग़ालिब आ जाती थी। तांगा हस्पताल के फाटक में दाख़िल हुआ तो उसने सिग्रेट अंगुलियों में मसल कर फेंक दिया। उस को अपने ऊपर बहुत तरस आया कि वह औहाम का गुलाम बना गया है। हस्पताल वालों ने फौरन ही ख़ालिद को दाख़िल कर लिया डाक्टर ने देखा और कहा ब्रांको न्यूमोनियां है, हालत बेहद ख़राब है।"

ख़ालिद बेहोश था मां उसके सरहाने बैठी वीरान निगाहों से उसको देख रही थी। कमरे के साथ गुसुलख़ाना था। मुमताज़ को सख़्त प्यास लग रही थी। नल खोलकर ओक से पानी पीने लगा तो फिर वही वहम उसके दिमाग़ में गूंजा "मुमताज़, ये क्या कर रहे हो पानी न पीयो– तुम्हारा ख़ालिद मर जाएगा।"

मुमताज़ ने दिल में इस वहम को गाली दी और इन्तेक़ामन इतना पानी पीया कि उसका पेट भर गया। पानी पीकर गुसुलख़ाने से बाहर आया तो उसका ख़ालिद उसी तरह मुरझाया हुआ बेहोश हस्पताल के आहनी पलंग पर पड़ा था। वह चाहता था कहीं भाग जाए– ख़ालिद अच्छा हो जाए और वह उसके बदले न्योमोनिया में गिरफ्तार हो जाए।

मुमताज़ ने महसूस किया कि ख़ालिद अब पहले से ज़्यादा ज़र्द है। उसने सोचा, ये सब उसके पानी पी लेने के कारण है... अगर वह पानी न

पीता तो ज़रूर ख़ालिद की हालत बेहतर हो जाती उसको बहुत दुख हुआ। उसने खुद को बहुत लानत मलामत की मगर फिर उसको ख़्याल आया कि जिसने ये बात सोची थी कि वह मुमताज़ नहीं कोई और था। ये और कौन था?– क्यों उसके दिमाग़ में ऐसे वहम पैदा होते थे प्यास लगी थी पानी पी लिया। उससे ख़ालिद पर क्या असर पड़ सकता है– ख़ालिद ज़रूर अच्छा हो जाएगा– परसों उसकी सालग्रह है। इनशाअल्लाह ख़ूब ठाठ से मनाई जाएगी।

लेकिन फौरन ही उसका दिल बैठ जाता। कोई आवाज़ उससे कहती ख़ालिद एक वर्ष का होने हो नहीं पाएगा– मुमताज़ का जी चाहता कि वह उस आवाज़ की ज़ुबान पकड़े और उसे गुद्दी से निकाल दे मगर ये आवाज़ तो खुद उसके दिमाग़ में पैदा होती थी खुदा मालूम कैसे होती थी– क्यों होती थी।

मुमताज़ इस क़दर तंग आया कि उसने दिल ही दिल में अपने औहाम से गिड़गिड़ा कर कहा, "खुदा के लिये मुझ पर रहम करो– क्यों तुम मुझ ग़रीब के पीछे पड़ गए हो।"

शाम हो चुकी थी कई डाक्टर ख़ालिद को देख चुके थे। दबा दी जा रही थी। कई इन्जेक्शन भी लग चुके थे मगर ख़ालिद अभी तक बेहोश था दफअतन मुमताज़ के दिमाग़ में ये आवाज़ गूंजी तुम यहां से चले जाओ– फौरन चले जाओ वरना ख़ालिद मर जाएगा।

मुमताज़ कमरे से बाहर चला गया। बल्कि हस्पताल से बाहर चला गया। उसके दिमाग़ में आवाज़ें गूंजती रहीं। उसने अपने आपको उन आवाज़ों के हवाले कर दिया अपनी हर जुंबिश अपनी हर हरकत उनके हुक्म के सुपुर्द कर दो– ये उसे एक होटल में ले गईं। उन्होंने उसको शराब पीने के लिये कहा। शराब आई तो उसे फेंक देने का हुक्म दिया। मुमताज़ ने हाथ से गिलास फेंक दिया तो और मंगवाने के लिये कहा। दूसरा गिलास आया तो उसे भी फेंक देने के लिये कहा।

शराब और टूटे हुए ग्लासों के बिल अदा करके मुमताज़ बाहर निकला उसको यूं महसूस होता था कि चारों तरफ ख़ामोशी ही ख़ामोशी है– सिर्फ उसका दिमाग़ है जहां शोर बरपा है। चलता-चलता वह हस्पताल पहुंच गया ख़ालिद के कमरे का रुख़ किया तो उसे हुक्म हुआ। मत आओ उधर– तुम्हारा ख़ालिद मर जाएगा।

वह लौट आया– घास का मैदान था। वहां एक बेंच पड़ी थी उस पर

लेट गया।

रात के दस बज चुके थे। मैदान में अंधेरा था। चारों तरफ ख़ामोशी थी। कभी-कभी किसी मोटर के हार्न की आवाज़ उस ख़ामोशी में ख़राश पैदा करती हुई गुज़र जाती। सामने ऊंची दीवार में हस्पताल का क्लाक था- मुमताज़ ख़ालिद के मुतल्लिक़ सोच रहा था "क्या वह बच जाएगा- ये बच्चे क्यों पैदा होते है, जिन्हें मरना होता है- वो ज़िन्दगी क्यों पैदा होती है जिसे मौत के मुंह में चला जाना होता है- ख़ालिद ज़रूर-"

एक दम उसके दिमाग़ में एक वहम फटा। बेंच पर से उतर कर वह सजदे में गिर गया। हुक्म था इसी तरह पड़े रहो जब तक ख़ालिद ठीक न हो जाए मुमताज़ सजदे में पड़ा रहा। वह दुआ मांगना चाहता था। मगर हुक्म था कि मत मांगो मुमताज़ की आंखों में आंसू आ गए। वह ख़ालिद के लिये नहीं अपने लिए दुआ मांगने लगा, खुदाया मुझे इस अज़ीयत से निजात दे- तुझे अगर ख़ालिद को मारना है मार दे ये मेरा क्या हश्र कर रहा है तू।"

दफ़अतन आवाज़ें सुनाई दीं। उससे कुछ दूर दो आदमी कुर्सियों पर बैठे खाना खा रहे थे और आपस में बातें कर रहे थे।

"बच्चा बड़ा खूबसूरत है।"

"मां का हाल मुझ से देखा नहीं गया।"

"बेचारी हर डाक्टर के पांव पड़ रही थी।"

"हमने अपनी तरफ से तो हर मुमकिन कोशिश की।"

"बचना मुहाल है।"

"मैंने कहा था मां से दुआ करो बहन।"

एक डाक्टर ने मुमताज़ की तरफ देखा जो सजदे में पड़ा था उसको ज़ोर से आवाज़ दी "ऐ क्या कह रहा है तू- इधर आ।"

मुमताज़ उठ कर दोनों डाक्टरों के पास गया एक ने उससे पूछा "कौन हो तुम?"

मुमताज़ ने खुश्क होटों पर ज़ुबान फेर कर जवाब दिया "जी में एक मरीज़-" डाक्टर ने सख़्ती से कहा "मरीज़ हो तो अन्दर जाओ- यहां मैदान में डण्ड क्यों पेलते हो?"

"वह तुम्हारा बच्चा है जो..."

"जी हां... शायद आप उसी की बातें कर रहे थे।

- वह मेरा बच्चा है- ख़ालिद।

"आप उसके बाप है?"

मुमताज़ ने अपना ग़मो-अन्दोह से भरा हुआ सर हिलाया "जी हां मैं उसका बाप हूं"

डाक्टर ने कहा आप यहां बैठे है जाइये आपकी वाइफ बहुत परेशान हैं।"

"जी अच्छा" कह कर मुमताज़ वार्ड की तरफ रवाना हुआ। सीढ़ियां तै करके जब ऊपर पहुंचा तो कमरे के बाहर उसका नौकर रो रहा था। मुमताज़ को देख कर और ज़्यादा रोने लगा "साहब ख़ालिद मियां फ़ौत हो गए"

मुमताज़ अन्दर कमरे में गया उसकी बीवी बेहोश पड़ी थी। एक डाक्टर और नर्स उस को होश में लाने की कोशिश कर रहे थे मुमताज़ पलंग के पास खड़ा हो गया ख़ालिद आंखें बन्द किये पड़ा था। उसके चेहरे पर मौत का सुकून था। मुमताज़ ने उसके रेशमी बालों पर हाथ फेरा और दिल चीर देने वाले लहजे में उससे पूछा "ख़ालिद मियां- गुग्गु खाएंगे आप?"

ख़ालिद का सर नफी में न हिला। मुमताज़ ने फिर दरख़्वास्त भरे लहजे में कहा "ख़ालिद मियां- मेरे वहम ले जाएंगे अपने साथ?"

मुमताज़ को ऐसा महसूस हुआ कि जैसे ख़ालिद ने सर हिलाकर हां की है।

दो क़ौमें

मुख़तार ने शारदा को पहली बार झरनों में से देखा वह ऊपर कोठे पर कटी हुई पतंग लेने गया तो झरनों में से एक झलक दिखाई दी। सामने वाले मकान की बालाई मंज़िल की खिड़की खुली हुई थी। एक लड़की डोंगा हाथ में लिये नहा रही थी। मुख़तार को बड़ा तअज्जुब हुआ कि ये लड़की कहां से आ गई, क्यों कि सामने वाले मकान में कोई नहीं थीं। जो थी, ब्याही जा चुकी थीं। सिर्फ रूप कौर थी। उसका पीला ख़ाविन्द कालूमल था। उनके तीन लड़के थे और बस। मुख़तार ने पतंग उठाया और ठिठक कर रह गया– लड़की बहुत ख़ूबसूरत थी उसके नंगे बदन पर सुनहरे रोऐं थे। उनमें फंसी हुई पानी की नन्हीं-नन्हीं बुंदियां चमक रही थीं। उसका रंग हल्का सांवला था, सांवला भी नहीं। ताम्बे के रंग जैसा पानी की नन्हीं-नन्हीं बून्दियां ऐसी लगती थीं। जैसे उसका बदन पिघल कर कतरे-कतरे बन कर गिर रहा है।

मुख़्तार ने झरने के सूराख़ों के साथ अपनी आंखें जमा दीं और उस लड़की को जो डोंगा हाथ में लिये नहा रही थी, दिलचस्पी और ग़ौर से देखना शुरू कर दिया। उसकी उम्र ज़्यादा से ज़्यादा सोलह वर्ष की थी। सीने पर उसकी छोटी-छोटी गोल छातियां जिन पर पानी के कतरे फिसल रहे थे बड़ी दिलफरेब थे। उसको देखकर मुख़तार के दिलो-दिमाग़ में सिफली जज़्बात पैदा न हुए। एक जवान, ख़ूबसूरत और बिल्कुल नंगी लड़की उसकी निगाहों के सामने थी। होना ये चाहिये था कि मुख़तार के अन्दर शहबानी हैजान बरपा हो जाता, मगर वह बड़े ठण्डे इन्हमाक से उसे देख रहा था, जैसे किसी मुसव्विर की तस्वीर देख रहा है। लड़की के निचले होंट के

आख़िरी कोने पर एक बड़ा-सा तिल– बेहद मतीन, बेहद संजीदा, जैसे वह अपने-अपने वजूद से बेख़बर हैं, लेकिन दूसरे उसके वजूद से आगाह हैं। सिर्फ इस हद तक कि उसे कहां होना चाहिये जहां कि वह था।

बांहों पर सुनहरे रोऐं पानी की बून्दों के साथ लिपटे हुए चमक रहे थे। उसके सर के बाल सुनहरे नहीं, मूस्ले थे जिन्होंने शायद सुनहरे होने से इनकार कर दिया था जिस्म सुडोल और गदराया हुआ था लेकिन उसको देखने से इश्तआल पैदा नहीं होता था। मुख़तार देर तक झरने के साथ आंखें जमाए रहा।

लड़की ने बदन पर साबुन मला मुख़तार तक उसकी खुश्बू पहुंची। सलोने तांबे जैसे रंग वाले बदन पर सफेद-सफेद झाग बड़े सुहाने मालूम होते थे फिर जब ये झाग पानी के बहाव से फिसले तो मुख़तार ने महसूस किया जैसे उस लड़की ने अपना बुल्बुलों का लिबास बड़े इत्मीनान से उतार कर एक तरफ रख दिया है।

गुसुल से फ़ारिग़ हो कर लड़की ने तैलिये से अपना बदन पोछा। बड़े सुकून और इत्मीनान से आहिस्ता-आहिस्ता कपड़े पहने। खिड़की के डण्डों पर दोनों हाथ रखे और सामने देखा। एक दम उसकी आंखें झीलों में ग़र्क़ हो गईं उसने खिड़की बन्द कर दी और मुख़तार बेइख़्तियार हंस पड़ा।

लड़की ने फौरन खिड़की के पट खोले और बड़े गुस्से में झरने की तरफ देखा। मुख़तार ने कहा "मैं क़सूरवार बिल्कुल नहीं– आप क्यों खिड़की खोल कर नहा रही थीं।

लड़की ने कुछ न कहा ग़ैज़ आलूद निगाहों से झरने को देखा और खिड़की बन्द कर ली। चौथे दिन रूप कौर आई। उसके साथ यही लड़की थी मुख़तार की मां और बहन दोनों सिलाई और कुरूशिये के काम की माहिर थीं। गली की अक्सर लड़कियां उन से ये काम सीखने के लिये आया करती थीं। रूप कौर भी उस लड़की को इसी गर्ज़ से लाई थी क्योंकि उसको कुरूशिये के काम का बहुत शौक़ था। मुख़तार अपने कमरे में से निकल कर सेहन में आया तो उसने रूप कौर को प्रणाम किया। लड़की पर उसकी निगाह पड़ी तो वह सिमट-सी गई। मुख़तार मुस्कुराकर वहां से चला गया।

लड़की रोज़ाना आने लगी। मुख़तार को देखती तो सिमट जाती आहिस्ता-आहिस्ता उसका ये रद्दे अमल दूर हुआ और उसके दिमाग़ से ये ख़्याल किसी क़दर महव हुआ कि मुख़तार ने उसे नहाते देखा था।

मुख़्तार को मालूम हुआ कि उसका नाम शारदा है। रूप कौर के चचा की लड़की है, यतीम है जो एक ग़रीब रिश्तेदार के साथ रहती थीं। रूप कौर ने उसको अपने पास बुला लिया। इन्ट्रेंस पास है। बड़ी ज़हीन है, क्योंकि उसने कुरूशिये का मुश्किल से मुश्किल काम यूं चुटकियों में सीख लिया।

दिन गुज़रते गए उस दौरान में मुख़्तार ने महसूस किया कि वह शारदा की मुहब्बत में गिरफ्तार हो गया है। ये सब कुछ धीरे-धीरे हुआ जब मुख़्तार ने उसको पहली बार झरने में से देखा था तो उस वक़्त उसके सामने एक नज़ारा था। बड़ा फरहतनाक नज़ारा लेकिन अब शारदा आहिस्ता-आहिस्ता उसके दिल में बैठ गई थी। मुख़्तार ने कई दफा सोचा था कि ये मुहब्बत का मामला बिल्कुल ग़लत है। इसलिये कि शारदा हिन्दु है। मुसलमान कैसे एक हिन्दु लड़की से मुहब्बत करने की जुर्रत कर सकता है। मुख़्तार ने अपने आपकी बहुत समझाया लेकिन वह अपने मुहब्बत के जज़्बे को मिटा न सका शारदा अब उससे बातें करने लगी थी मगर खुल के नहीं। उसके दिमाग़ में मुख़्तार को देखते ही ये ऐहसास बेदार हो जाता था कि वह नंगी नहा रही थी और मुख़्तार झरने में से उसे देख रहा था।

एक रोज घर में कोई नहीं था। मुख़्तार की मां और बहन दोनों किसी अज़ीज़ के चालीसवें पर गई हुई थीं। शारदा हस्बे मामूल अपना थैला उठाए सुबह दस बजे आई मुख़्तार सेहन में चारपाई पर लेटा अख़बार पढ़ रहा था शारदा ने उससे पूछा "बहन जी कहां हैं।"

मुख़्तार के हाथ कांपने लगे "वह कहीं बाहर गईं हैं?"

शारदा ने पूछा "माता जी"

मुख़्तार उठ कर बैठ गया- "वह भी उसके साथ ही गई हैं।

"अच्छा" ये कहकर शारदा ने किसी क़दर घबराई हुई निगाहों से मुख़्तार को देखा और नमस्ते करके चलने लगी तो मुख़्तार ने उसको रोका "ठहरो शारदा?"

मुख़्तार चारपाई से उठा "बैठ जाओ- वह लोग अभी आ जाएंगे"

"जी नहीं- मैं जाती हूं" ये कह कर भी शारदा खड़ी रही। मुख़्तार ने बड़ी जुर्रत से काम लिया आगे बढ़ा उसकी एक कलाई पकड़ी और खींच कर उसके होंटों को चूम लिया। ये सब कुछ इतनी जल्दी हुआ कि मुख़्तार और शारदा दोनों को एक लख़्त के लिए बिल्कुल पता न चला कि क्या हुआ- उसके बाद दोनों लरज़ने लगे मुख़्तार ने सिर्फ इतना कहा "मुझे

मुआफ कर देना।''

शारदा ख़ामोश खड़ी रही। उसका ताम्बे जैसा रंग सुर्ख़ी मायल हो गया। होटों में ख़फीफ-सी कपकपाहट थी जैसे वह छेड़े जाने पर शिकायत कर रहे हैं। मुख़तार अपनी हरकत और उसके नताएज भूल गया। उसने एक बार फिर शारदा को अपनी तरफ खींचा और सीने के साथ भींच लिया– शारदा ने मज़ाहमत न की। वह सिर्फ मुजस्समे हैरत बनी हुई थी। वह एक सवाल बन गई थी– एक ऐसा सवाल जो अपने आप से किया गया हो। वह शायद खुद से पूछ रही थी ये क्या हुआ है। ये क्या हो रहा है?– क्या ऐसा होना चाहिये था– क्या ऐसा किसी और से भी हुआ है।

मुख़तार ने उसे चारपाई पर बिठा लिया और पूछा ''तुम बोलती क्यों नहीं हो शारदा?''

शारदा के दुपट्टे के पीछे उसका सीना धड़क रहा था। उसने कोई जवाब न दिया मुख़तार को उसका ये सकूत बहुत परेशानकुन महसूस हुआ। बोली शारदा– अगर तुम्हें मेरी ये हरकत बुरी लगी है तो कह दो– ख़ुदा की क़सम मैं मुआफ़ी मांग लूंगा– तुम्हारी तरफ़ निगाह उठा कर नहीं देखूंगा। मैंने कभी ऐसी जुर्रत न की होती लेकिन जाने मुझे क्या हो गया है। दरअसल मुझे तुम से मुहब्बत है।

शारदा के होंट हिले जैसे उन्होंने लफ़्ज़ ''मुहब्बत'' अदा करने की कोशिश की है। मुख़तार ने बड़ी गर्मजोशी से कहना शुरू किया मुझे मालूम नहीं तुम मुहब्बत का मतलब समझती हो कि नहीं– मैं ख़ुद उसके मुतल्लिक़ ज़्यादा वाक़्फियत नहीं रखता, सिर्फ इतना जानता हूं कि तुम्हें चाहता हूं– तुम्हारी सारी हस्ती को अपनी इस मुट्ठी में ले लेना चाहता हूं। अगर तुम चाहो तो मैं अपनी सारी ज़िन्दगी तुम्हारे हवाले कर दूंगा– शारदा तुम बोलती क्यों नहीं हो?''

शारदा की आंखें ख़्वाबगूं हो गईं। मुख़तार ने फिर बोलना शुरू कर दिया ''मैंने उस रोज़ झरने में से तुम्हें देखा– नहीं मुझे तुम दिखाई दीं। वह एक ऐसा नज़ारा था जो ता क़यामत नहीं भूल सकता– तुम शरमाती क्यों हो- मेरी निगाहों ने तुम्हारी खूबसूरती चुराई तो नहीं– मेरी आंखों में सिर्फ उस नज़ारे की तस्वीर है– तुम उसे ज़िन्दा कर दो तो मैं तुम्हारे पांव चूम लूंगा'' ये कह कर मुख़तार ने शारदा का एक पांव चूम लिया। वह कांप गई चारपाई पर से एक दम उठ कर उसने लरजां आवाज़ में कहा ''ये आप क्या कर रहे हैं? हमारे धर्म में–

मुख़्तार खुशी से उछल पड़ा "धरम वरम को छोड़ो। प्रेम के धर्म में सब ठीक है। ये कह कर उसने शारदा को चूमना चाहा मगर वह तड़प कर एक तरफ हटी और बड़े शर्मीले अन्दाज़ में मुस्कुराती भाग गई। मुख़्तार ने चाहा कि उड़ कर मुमटी पर पहुंच जाए। वहां से नीचे सेहन में कूदे और नाचना शुरू कर दे।

मुख़्तार की वालिदा और बहन आ गई तो शारदा आई मुख़्तार को देख कर उसने फौरन निगाहें नीची कर लीं। मुख़्तार वहां से खिसक गया कि राज़ अफशां हो गया।

दूसरे दिन ऊपर कोठे पर चढ़ा झरने में झांका तो देखा कि शारदा खिड़की के पास खड़ी बालों में कंघी कर रही है। मुख़्तार ने उसको आवाज़ दी "शारदा"

शारदा चौंकी, कंघी उसके हाथ से छूट कर नीचे गली में जा गिरी मुख़्तार हंसा। शारदा के होटों पर भी मुस्कुराहट पैदा हुई, मुख़्तार ने उससे कहा "कितनी डरपोक हो तुम– होले से आवाज़ दी और तुम्हारी कंघी छूट गई।" शारदा ने कहा "अब लाके दीजिये नई कंघी मुझे– ये तो मूरी में जा गिरी है।"

मुख़्तार ने जवाब दिया "अभी लाऊं" शारदा ने फौरन कहा "नहीं नहीं– मैंने मज़ाक़ किया है।"

मैं ने भी मज़ाक़ किया था तुम्हें छोड़ कर मैं कंघी लाने जाता? कभी नहीं।" शारदा मुस्कुराई "मैं बाल कैसे बनाऊं" मुख़्तार ने झरने के सुराख़ों में अपनी उंगलियां डालीं "ये मेरी उंगलियां ले लो।"

शारदा हंसी– मुख़्तार का जी चाहा कि वह अपनी सारी उम्र उस हंसी की छांव में गुज़ार दे। "शारदा खुदा की क़सम तुम हंसी से मेरा रुअ़ां-रुआं शादमां हो गया है। तुम क्यों इतनी प्यारी हो? क्या दुनिया में कोई और लड़की भी तुम जितनी प्यारी होगी– ये कम बख़्त झरने– ये मिट्टी जलील परदे, जी चाहता है इनको तोड़ दूं।"

शारदा फिर हंसी मुख़्तार ने कहा "ये हंसी कोई और न देखे, कोई न सुने शारदा सिर्फ मेरे सामने हंसना– और अगर कभी हंसना हो तो मुझे बुला लिया करो– मैं इसके इर्द-गिर्द अपने होटों की दीवारें खड़ी कर दूंगा।"

शारदा ने कहा "आप बातें बड़ी अच्छा करते हैं"

"तो मुझे इनाम दो– मुहब्बत की एक हल्की सी निगाह इन झरनों से

मेरी तरफ फेंक दो– मैं उसे अपनी पलकों से उठा कर अपनी आंखों में छुपा लूंगा।'' मुख़्तार ने शारदा के पीछे में दूसरा एक साया सा देखा और फौरन झरने से हट गया थोड़ी देर बाद वापस आया तो खिड़की ख़ाली थी। शारदा जा चुकी थी।

आहिस्ता-आहिस्ता मुख़्तार और शारदा दोनों शीरो-शकर हो गए। तन्हाई का मौक़ा मिलता तो देर तक प्यार मुहब्बत की बातें करते रहते– एक दिन रूप कौर और उसका ख़ाविन्द लाला कालूमल कहीं गए हुए थे। मुख़्तार गली में से गुज़र रहा था कि उसको एक कंकड़ लगा। उसने ऊपर देखा शारदा थी। हाथ के इशारे से उसे बुलाया।

मुख़्तार उसके पास पहुंच गया। पूरा तख़्लिया था- ख़ूब घुल-मिल के बातें हुईं मुख़्तार ने उससे कहा "उस रोज़ मुझ से गुस्ताख़ी हुई थी और मैंने माफी मांग ली थी। आज फिर गुस्ताख़ी करने का इरादा रखता हूं, लेकिन माफी नहीं मागूंगा।'' और अपने होंठ शारदा के कपकपाते हुए होंठ पर रख दिये।

शारदा ने शरमीली शरारत से कहा "अब माफ़ी मांगिये।''

जी नहीं– अब ये होंठ आपके नहीं मेरे हैं–

क्या मैं झूट कहता हूं।

शारदा ने निगाहें नीची करके कहा "ये होंठ क्या मैं ही आपकी हूं।''

मुख़्तार एक दम संजीदा हो गया "देखो शारदा, हम इस समय एक आतिश फिशां पहाड़ पर खड़े हैं, तुम सोच लो, समझ लो– मैं तुम्हें यक़ीन दिलाता हूं, ख़ुदा की क़सम खाता हूं कि जीवन भर मैं तुम्हारा रहूंगा। मेरी मुहब्बत साबित क़दम रहेगी। क्या तुम भी इसका अहद करती हो।''

शारदा ने अपनी निगाहें उठाकर मुख़्तार की तरफ देखा, "मेरा प्रेम सच्चा है।''

मुख़्तार ने उसको अपने सीने से भींच लिया और कहा "जिन्दा रहो सिर्फ मेरे लिये, मेरी मुहब्बत के लिये सिर्फ रहो– ख़ुदा की क़सम शारदा, अगर तुम्हारा इल्तेफात मुझे न मिलता तो मैं यक़ीनन खुदकुशी कर लेता। तुम मेरी आग़ोश में हो, मुझे ऐसा महसूस होता है कि सारी दुनिया की खुशियों से मेरी झोली भरी है। मैं बहुत खुश-नसीब हूं।''

शारदा ने अपना सर मुख़्तार के कंधे पर गिरा दिया "आप बातें करना जानते हैं– मुझ से अपने दिल की बात नहीं कही जाती।''

देर तक दोनों एक दूसरे में मुदग़म रहे जब मुख़्तार वहां से गया तो

उसकी रूह एक नई और सुहानी लज़्ज़त से मामूर थी। सारी रात वह सोचता रहा, दूसरे दिन कलकत्ते चला गया। जहां उसका बाप कारोबार करता था। आठ दिन के बाद वापस आया। शारदा हस्बे मामूल कुरूशिये का काम सीखने मुकर्रा समय पर आई। उसकी निगाहों ने उसके लिये कई बातें कीं। कहां ग़ायब रहे इतने दिन? मैं नहीं बोलूंगी तुम से—मेरी तरफ क्या देखते हो, क्या कहना चाहते हो मुझ से?

मुख़्तार बहुत कुछ कहना चाहता था मगर तन्हाई नहीं थी। वह काफी तवील गुफ्तगू करना चाहता था। दो दिन गुज़र गए, मौक़ा न मिला,निगाहों में ही गूंगी बातें होती रहीं। आख़िर तीसरे दिन शारदा ने उसे बुलाया मुख़्तार बहुत खुश हुआ। रूप कौर उसका ख़ाविन्द लाला कालूमल घर में नहीं थे।

शारदा सीढ़ीयों में मिली। मुख़्तार ने वहीं उसको अपने सीने के साथ लगाना चाहा, वह तड़प कर ऊपर चली गई। नाराज़ थी। मुख़्तार ने उससे कहा "देखो मेरी जान मेरे पास बैठो, मैं तुम से बहुत ज़रूरी बातें करना चाहता हूं। ऐसी बातें जिनका हमारी ज़िन्दगी से बड़ा गहरा संबंध है।"

शारदा उसके पास पलंग पर बैठ गई, तुम बात टालो नहीं। बताओ, मुझे बताए बग़ैर कलकत्ते क्यों गए। सच मैं बहुत रोई।"

मुख़्तार ने बढ़कर उसकी आंखें चूमीं "उस दिन जब मैं गया तो सारी रात सोचता रहा। जो कुछ उस दिन हुआ उसके बाद ये सोच विचार लाज़मी था। हमारी हैसियत मियां बीवी की न थी। मैंने गलती की। तुमने कुछ न सोचा— हमने एक ही जुस्त में कई मंज़िलें तै कर लीं और ग़ौर ही न किया कि हमें जाना किस तरफ है— समझ रही हो ना शारदा।"

शारदा ने आंखें झुका लीं "जी हां।"

मैं कलकत्ते इसलिये गया था कि अब्बाजी से मश्विरा करूं। तुम्हें सुन कर खुशी होगी कि मैंने उनको राज़ी कर लिया है। मुख़्तार की आंखें खुशी से चमक उठीं शारदा के दोनों हाथ अपने हाथों में लेकर उसने कहा। मेरे दिल का सारा बोझ हल्का हो गया है— मैं अब तुम से शादी कर सकता हूं।"

शारदा होले से कहा "शादी"

"हां शादी"

शारदा ने पूछा "कैसे हो सकती है हमारी शादी?"

मुख़्तार ने बड़े इत्मीनान से कहा "हां हां— इसके अलावा और हो ही क्या सकता है— मुझे मालूम है कि तुम्हारे घर वाले बड़ा हंगामा मचाएंगे

लेकिन मैंने उसका इन्तज़ाम कर लिया है। हम दोनों यहां से ग़ायब हो जाऐंगे, सीधे कलकत्ते चले जाएंगे। बाक़ी काम अब्बा जी के सुपुर्द है, जिस रोज़ वहां पहुंचेंगें उसी रोज़ मौलवी बुलाकर तुम्हें मुसलमान बना देंगे। शादी भी उसी समय हो जाएगी।"

शारदा के होंट जैसे किसी ने सी दिये। मुख़तार ने उसकी तरफ देखा "ख़ामोश क्यों हो गई।"

शारदा ने ब-मुश्किल इतना कहा "तुम हिन्दू हो जाओ।"

"मैं हिन्दू हो जाऊं?"

मुख़तार के लहजे में हैरत थी। वह हंसा "मैं हिन्दू कैसे हो सकता हूं।"

"मैं कैसे मुसलमान हो सकती हूं।" शारदा को आवाज़ धीमी थी।

"तुम क्यों मुसलमान नहीं हो सकतीं– मेरा मतलब है कि तुम मुझ से मुहब्बत करती हो। इसके अलावा इस्लाम सबसे अच्छा मज़हब है– हिन्दू मज़हब भी कोई मज़हब है। गाय का पेशाब पीते हैं, बुत पूजते हैं। मेरा मतलब है कि ठीक है अपनी जगह ये मज़हब भी मगर इस्लाम का मुक़ाबला नहीं कर सकता। तुम मुसलमान हो जाओगी तो बस– मेरा मतलब है कि सब ठीक हो जाएगा।

शारदा के चेहरे का ताम्बे जैसा रंग ज़र्द पड़ गया "आप जाइये वो लोग आने वाले हैं। ये कह कर वह पलंग पर से उठी।

मुख़तार मुतहैयर हो गया "लेकिन शारदा"...

"नहीं नहीं जाइये आप– जल्दी जाइये। वह आजाएंगे।"

शारदा के लहजे में बेऐतनाई की सर्दी थी।

मुख़तार ने अपने खुश्क से ब-मुश्किल ये अल्फाज़ निकाले, "हम दोनों एक दूसरे से मुहब्बत करते हैं, शारदा तुम नाराज़ क्यों हो गईं?"

"जाओ– चले जाओ– हमारा हिन्दू मज़हब बहुत बुरा है– तुम मुसलमान बहुत अच्छे हो।"

शारदा के लहजे में नफ़रत थी। वह दूसरे कमरे में चली गई और दरवाज़ा बन्द कर दिया। मुख़तार अपना इस्लाम सीने में दबाए वहां से चला गया।

मजीद का माज़ी

मजीद की माहाना आमदनी ढाई हज़ार रूपये थी। मोटर थी, एक आलीशान कोठी थी, बीवी थी, इसके अलावा दस पन्द्रह औरतों से मेल जोल था। मगर जब कभी वह व्हिस्की के तीन चार पैग पीता तो उसे अपना माज़ी याद आ जाता। वह सोचता कि अब वह उतना खुश नहीं जितना कि पन्द्रह वर्ष पहले था। जब उसके पास रहने को कोठी थी न सवारी के लिये मोटर। बीवी थी न किसी औरत से शनासाई थी। ढाई हज़ार रूपये तो एक अच्छी ख़ासी रक़म है। उन दिनों आमदनी सिर्फ सात रूपये माहवार थी। साठ रूपये जो उसे बड़ी मुश्किल से मिलते थे। लेकिन इसके बावजूद खुश था। उसकी ज़िन्दगी उफतां वे खैरां हालात के होते हुए भी हमवार थी।

अब उसे बेशुमार तफक्कुरात थे, कोठी के, बीवी के, उन औरतों के जिन से उसका मेल जोल था, इनकम टैक्स का डंडा अलग था सेल्स टैक्स का झगड़ा जुदा। इसके अलावा और बहुत-सी उलझनें थीं जिन से मजीद को कभी निजात ही नहीं मिलती थी। चुनांचे अब वह उस ज़माने को अक्सर याद करता था जब उसकी ज़िन्दगी ऐसे तफक्कुरात और ऐसी उलझनों से आज़ाद थी। वह बड़ी ग़रीबी की लेकिन बड़ी खुशगवार ज़िन्दगी बसर करता था।

इनकम टैक्स ज़्यादा लग गया है माहिरों से मश्विरा करो। अफ़सरों से मिलो, उन को रिश्वत दो, सेल्स टैक्स का झगड़ा चुकाओ। ब्लैक मार्केट करो। यहां से जो कमाओ उसको व्हाइट करो। झूटी रसीदें बनाओ, मुक़दमों की तारीखें, बाक़ी की फरमाइशें पूरी करो, बच्चों की निगहदाश्त करो। यूं तो मजीद काम बड़ी चुस्ती से करता था और वह अपनी इस नई हंगामाखेज़

ज़िन्दगी में रच बस गया था लेकिन इसके बावजूद न खुश था। ये ना खुशी उसे कारोबारी औक़ात में महसूस नहीं होती थी उसका ऐहसास उसको सिर्फ उस वक़्त होता था जब वह फुर्सत के औक़ात में आराम से बैठ कर व्हिस्की के तीन चार पैग पीता था। उस वक़्त बीता हुआ ज़माना उसके दिलो दिमाग़ में एक दिन अंगड़ाइयां लेता हुआ बेदार हो जाता और वह बड़ा सुकून महसूस करता लेकिन जब उस बीते हुए ज़माने की तस्वीर उसके दिलो दिमाग़ में महव हो जाती तो वह बहुत परेशान हो जाता पर ये इज़्तेराब देर पा नहीं होता था। क्योंकि मजीद फौरन ही अपनी कारोबारी उलझनों में गिरफ्तार हो जाता था।

मजीद ने जो कुछ बनाया था अपनी मेहनतो-मशक़्क़त से बनाया था। कोठी, उसका साज़ो सामान, मोटर ग़र्जेकि हर चीज़ उसके गाढ़े पसीने की कमाई थी। उसको इस बात का बहुत मान था कि आसाइश के जितने सामान हैं, सब उसने खुद बनाए हैं। उसने किसी से मदद नहीं ली, लेकिन तफ़क्कुरात अब ज़्यादा हो गए थे।

वो जो दस पन्द्रह औरतें भी उसके लिए वबाले जान बन गई थीं। एक से मिली तो दूसरी नाराज़ हो जाती थीं। टेलीफोन पे टेलीफोन आ रहे हैं। बीवी का डर अलग, कारोबार की फिक्र जुदा अजब झनझट था मगर वह दिन भी थे जब मजीद को सिर्फ दो रूपये ़ाज़ाना मिलते थे। साठ रूपये माहवार बड़ी मुश्किल से मिलते थे मगर दिन अजब अन्दाज़ में गुज़रते थे। बड़े दिलचस्प थे वह दिन, बड़ी दिलचस्प थीं वह रातें जो लकड़ी के एक बेंच पर गुज़रती थीं। जिसमें हज़ारहा खटमल थे, खुदा मालूम कितने उम्र रसीदा क्यों कि वह बेंच बहुत पुरानी थी। उसके मालिक ने दस वर्ष पहले उसको एक दुकानदार से लिया था जो अपना कारोबार समेट रहा था। उस दुकानदार ने ग्यारह वर्ष पहले उसका सौदा एक कबाड़ी से किया था।

मजीद को जो मज़ा, जो लुल्फ़ उन खटमलों से भरी हुई बेंच पर सोने में आ रहा था अब उसे अपने पुरतकल्लुफ सुपरनिगूं वाले पलंग पर सोने में नहीं आता था। अब उसे हज़ारों की फिक्र होती थी। उस समय सिर्फ दो रूपये प्रतिदिन की, उन दिनों उसके पास केन्वास के दो बूट थे अब सैकड़ों थे। मगर वह बात नहीं थी। हर दिन के काम से फारिग़ होकर जब वह अपने दफ्तर की बेंच पर सोने लगता तो बूट उतार कर उस पर बलेंको मलता। सुबह उठ कर स्नानघर में इकन्नी देकर नहाता, शेव करता। सामने होटल में बाहर वाले से कहता कि उसका नाश्ता ले आए। एक मक्खन लगा

ब्राउन, एक प्याली चाय, लुत्फ़ आ जाता। नाश्ता करके वह पासिंग शू का सिग्रेट पीता, एक पान खाता और काम शुरू कर देता।

दोपहर का खाना वह भिंडी बाज़ार में हाजी के होटल में खाया। ये होटल कितना अच्छा था। कड़ी, दाल घी में बघारी हुई कितनी मज़ेदार होती थी। ख़ासतौर से गोश्त तो बेहद लज़ीज़ होता था। फिर वर्ष का ठण्डा पानी, पासिंग शू का एक सिग्रेट। उसका सारा वजूद ज़ाहिर हो जाता था। खाने के बाद थोड़ा-सा आराम किया फिर काम शुरू कर दिया। शाम को छः बजे फ़ारिग़ हुए। एक आना ट्रेम पर खर्चा और सीधे अपोलो बन्दर पहुंच गए, ठण्डी हवा, भांत-भांत के आदमी, तरह-तरह की बोलियां। बड़ी आलीशान इमारतें विशाल समुन्द्र! ऊंची-ऊंची लहरें। कश्तियां, मोटरें, साइकलें, ख़ूबसूरत औरतें गुजराती औरतें, मरहटी औरतें जो अपने चमकीले जोड़ों पर फूलों की बेनी लगाती थी। पारसी औरतें, यहूदी औरतें, तीखी-तीखी नाक वाली, ऐंगलो इण्डियन और युरोपियन औरतें ये सब उसके पास से गुज़रतीं। वह उनको देखता तो उसके दिलो दिमाग़ को फ़रहत पहुंचती। उसको कभी ये ख़्वाहिश न होती कि उनमें कोई उसकी हो जाए लेकिन अब बीवी के अलावा दस-पन्द्रह औरतों से उसका जिन्सी मेल जोल था, अब वह हर ख़ूबसूरत को शहवानी नज़रों से देखता था, तरकीबें सोचता कि किस तरह उनको हासिल किया जाय।

अब भी वह सैर करता था, बाग़ों में घूमता था मगर फूल इतने ख़ूबसूरत दिखाई नहीं देते जितने कि उस ज़माने में दिखाई देते थे। अब सैकड़ों फूल उसके ग़ुलदानों में पड़े रहते थे जो मुरझा जाने पर फेंक दिये जाते थे। उसकी निगाह उन पर पड़ती ही नहीं थी। पड़ती भी होगी तो वह उनमें कोई कशिश महसूस नहीं करता था।

एक दिन अपोलो बन्दर गए, दूसरे दिन चौपाटी चले गए दही बड़े और चाट खटाई गीली रेत पर बैठे समुन्द्र का नज़ारा करते रहे। दूर हद्दे-निगाह तक फैला समुन्द्र धूप में चांदनी की तरह चमकती हुई लहरें। कश्तियों के सफेद-सफेद बादबान यहां वहां से जी उकताया तो मालाबार हिल गए, हेंगिंग गोडंस। कैसा फ़रहतबख़्श मक़ाम था।

उस ज़माने में उसका कोई दुश्मन नहीं था उसकी सारी दुनिया दोस्त नज़र आती थी। ट्रेम उसकी दोस्त थी। खुला आसमान उसका दोस्त था, सड़कें और फुटपाथ उसके दोस्त थे खटमलों से भरी हुई बेंच पर सोने से पहले वह फुटपाथ पर सोया करता था– हर चीज़ उसको अपनी महसूस

होती थी मगर अब भी पराए लगते थे। सैकड़ों दुश्मन थे, कारोबार में, इश्क बाज़ियों में, हर जगह पर उसका कोई न कोई दुश्मन मौजूद होता था।

उसका जीवन अजीबो ग़रीब था मगर दोनों में ज़मीनो-आसमान का फ़र्क़ थ। वह सोच-विचार से आज़ाद था। ये सोच-विचार छोटी-छोटी खुशी उसके दिलो दिमाग़ में एक समय तक मौजूद रहती। एक अर्सा तक उसको शादां-व-फ़रहां रखती छः आने देकर एक मेल टैक्सी में बैठे तो ये बहुत बड़ी अय्याशी थी। भिकारी को एक पैसा दिया तो बड़ी रूहानी खुशी महसूस की। अब वह सैकड़ों की ख़ैरात करता था और कोई रूहानी मुसर्रत महसूस नहीं करता था इसलिये कि ये महज़ नुमाइश की ख़ातिर होता था।

उस ज़माने में उसकी अय्याशियां बड़ी छोटी-छोटी मगर बड़ी दिलचस्प होती थीं, खुद को खुश करने के लिए वह बड़े निराले तरीक़े ईजाद कर लेता था।

इलेक्ट्रिक ट्रेन में बैठे और किसी गांव में जाकर ताड़ी पीने लगे, पतंग लिया और चौपाटी पर बच्चों के साथ उड़ाने लगे।

दादर स्टेशन पर सुबह सवेरे चले गए और स्कूल जाने वाली लड़कियां ताड़ते थे। पुल के नीचे खड़े हो गए एंग्लो इण्डियन लड़कियां स्कर्ट पहने ऊपर चढ़ती तो उनकी नंगी टांगें नज़र आतीं। उस नज़ारे से उसकी तिफलाना-सी मुसर्रत महसूस होती।

कभी-कभी तवील फास्ले पैदल तै करता। घर पहुंचता तो उसे खुशी होती कि उसने इकन्नी या दुअन्नी बचा ली है। ये इकन्नी या दुअन्नी वह किसी ऐसी चीज़ पर ख़र्च करता जो उसके रोज़ाना प्रोग्राम में नहीं होती थीं।

किसी लड़की को मुहब्बत भरा ख़त लिखा और पता दिमाग़ में जो आया लिखकर पोस्ट कर दिया और इस हिमाक़त पर दिल ही दिल ख़ूब हंसता।

एक उंगली का नाखुन बढ़ा लिया और किसी दुकान से टेस्ट करने के बहाने उस पर क्युटिक्स लगा लिया। एक दिन सिर्फ दूसरों से मांग-मांग सिग्रेट पीये। और बेहद शरारत भरी खुशी महसूस की।

दफ्तर में बैंच के खटमलों ने ज़्यादा तंग किया तो सारी रात बाज़ारों में घूमते रहे और बजाए मुफ्त के राहत महसूस की।

जेब में पैसे कम हुए तो दोपहर का खाना गोल कर दिया और ये महसूस किया कि वह खा चुका है। अब ये बातें नहीं थीं। दफ्तर से उसने रूपये कमाने के ढंग सीखे, दौलत आने लगीं तो ये बातें आहिस्ता-आहिस्ता

ग़ायब हो गईं। उसकी ये नन्हीं-नन्हीं मुसर्रतें सब सोने और चांदी के नीचे दब गईं। अब रक्सो-सुरूर की महफ़िलें जमती थीं मगर उनसे वह लुत्फ़ हासिल नहीं होता था जो पुल के नीचे खड़े होकर एक ख़ास ज़ाविये से नंगी मुतहर्रिक टांगें देखने में महसूस होती थीं। उसकी रातें पहले बिल्कुल तन्हा गुज़रती थीं। अब कोई न कोई औरत उसकी आग़ोश में होती मगर वह सुकून ग़ायब था। अब उसे ये फ़िक्र दामनगीर होती थी कि कहीं उसकी बीवी को पता न चल जाए। और ये औरत गर्भवती न हो जाए, कहीं उसको बीमारी न लग जाए। कहीं औरत का ख़ाविन्द न आ धमके। पहले ऐसे सोच-विचार का सवाल ही पैदा नहीं होता था। अब उसके पास हर क़िस्म की शराब मौजूद रहती थी। मगर वह मज़ा वह सुरूर जो पहले हर रोज़ शाम को जापान की बनी "अब ही बीयर" पीने में आता था, बिल्कुल ग़ायब ही हो गया था।

उसको मामूल था कि दफ्तर से फ़ारिग़ होकर चौपाटी या अपोलो बन्दर की सैर की। ख़ूब घूमे-फिरे, नज़ारों का मज़ा लिया, आठ बजे तो घर का रुख़ किया किसी नल से मूंह धो लिया और भाईखल्ला पुल के पास वाली बार में दाख़िल हो गए। पारसी सेठ की जो बहुत ही मोटा और उसकी नाक बड़ी बेहंगम थी, साहब जी से कहा "कहम सेठ सों हाल छे?"

उसको सिर्फ इतनी गुजराती आती थी मगर जब वह कहता तो उसे बड़ी खुशी होती कि वह इतने अलफ़ाज़ बोल सकता है। सेठ मुस्कुराता और कहता "साढ़े छे, साढ़े छे" फिर वह पारसी सेठ से काउंटर के पास खड़े होकर भंग की बातें छेड़ देता। थोड़ी देर के बाद वहां से हटकर वह खाने वाली मेज़ के पास बैठ जाता। ये उसकी महबूब मेज़ थी। उसके ऊपर का हिस्सा संग मरमर का था। बैरा उसे गीले कपड़े से साफ़ करता और मजीद से कहता "बोलो सेठ"

ये सुनकर मजीद वाकई सेठ समझता। उस वक़्त उसकी जेब में एक रूपये चार आने होते, वह बैरे की तरफ देख कर बड़ी शान से मुस्कुराता और कहता "हर रोज़ तुम मुझ से पूछते हो, सब जानते हो- ले आओ जो पीया करता हूं।"

बैरा अपनी आदत के मुताबिक़ जाने से पहले गीले कपड़े से मेज़ साफ करता। पोछ कर एक ग्लास रखता। एक प्लेट में काबुली चने, दूसरी में ख़ारी सेंगे यानी नमक लगी मूंगफली लाता। मजीद उससे कहता "पापड़ लाना तुम हमेशा भूल जाते हो।" ये चीज़ें गजक के तौर पर बीयर के साथ

मुफ्त मिलती थीं, मजीद ने ये तरीक़ा ईजाद किया था कि बैरे से काबुली चनों की एक और प्लेट मंगवा लेता था, चने काफी बड़े-बड़े होते थे। नमक और काली मिर्च से बहुत मज़ेदार बन जाते थे। मूंगफली की प्लेट होती थी, ये सब मिला कर मजीद के रात का खाना बन जाते थे।

बीयर आती तो वह बहुत पुरसकून अन्दाज़ में उसके ग्लास में उंडेलता। आहिस्ता-आहिस्ता घूंट भरता। ठण्डी बीयर उसके हलक़ से उतरती तो एक बड़ी अजीब फरहत उसको महसूस होती। उसको ऐसा लगता कि सारी दुनिया की ठण्डक उसके दिलो-दिमाग़ में जमा हो गई है– मोटे पारसी की तरफ देखता और सोचता, ये पारसी क्यों इतने मोटे होते हैं। इस क़ौम ने क्या कुसूर किया है कि खुदा उनकी नाकों से बिल्कुल ग़ाफ़िल है– परसों ट्रेम में जो पासन बैठी थी, बड़ा सुडोल बदन खूबसूरत आंखें, उभरा हुआ सीना, बेदाग सुफेद रंग। माथा कुशादा, पतले-पतले होंट लेकिन ये बड़ी तोते ऐसी नाक। उसको देख कर मजीद को बड़ा तरस आया था-- उसने सोचा था कि आया ऐसी कोई तरकीब नहीं हो सकती कि उसकी नाक ठीक हो जाए। फिर उसके दिमाग़ में मुख़तलिफ़ औक़ात पर देखी हुई खूबसूरत और जवान लड़कियां तैरने लगती थीं, उसको ऐसा लगता था कि वह उनका शबाब बीयर में घोल कर पी रहा है।

देर तक वहां वह अपनी ज़िन्दगी के हसीन लमहात दोहराता रहता।

पन्द्रह दिन हुए अपोलो बन्दर पर जब तेज़ हवा में एक यहूदन लड़की का रेशमी स्कर्ट उठा था तो कितनी मुनासिब और हसीन टांगों की झलक दिखाई दी थी।

पिछले इतवार ईरानी के होटल में पाए का शोरबा कितना लज़ीज़ था। कैसे चटख़ारे ले-ले कर उसने उसमें गरम-गरम नान भिगो कर खाया था।

रंगीन फ़िल्म कितनी अच्छी थी। रक़्स कितना दिलफरेब था उन औरतों का जो आज सुबह नाश्ते के बाद सिग्रेट पीकर लुत्फ़ आ गया। ऐसा लुत्फ़ हर रोज़ आया करे तो मज़े आ जाएें। वह मियां-बीवी जो उसने दादर स्टेशन पर देखे थे, आपस में कितने खुश थे, कबूतर और कबूतरी की तरह गुटक रहे थे।

केकी मिस्त्री बड़ा अच्छा आदमी है। कल मैंने स्प्रे मांगी तो उसने मुफ्त दे दी। कहने लगा। "इसके दाम क्या लूंगा आप से" पिछले माह उसने समय पर मेरी मदद की थी, पांच रूपये उधार मांगे। फौरन दे दिया और कभी तक़ाज़ा न किया।

ट्रेम में जब मैंने उस रोज़ मर रही लड़की को अपनी सीट दी तो उसने कितनी प्यारी शुक्रगुज़ारी से कहा था "थैंक यू"

फिर वह मोटे पारसी की तरफ देखता। उसके चेहरे पर ये बड़ी नाक उसको नज़र आती, मजीद फिर सोचता "ये क्या बात है इन पारसियों की नाकों के साथ इतना बुरा सुलूक क्यों किया गया है– कितनी कोफ्त हो रही है, उस नाक से फौरन ही उसे ख़्याल आता कि ये पारसी बड़ा नेक आदमी है। क्योंकि वह उसको उधार दे देता था जब उसकी जेब में पैसे न होते तो वह काउंटर के पास जाता और उससे कहता "सेठ आज माल–पानी नहीं–कल।"

सेठ मुस्कुराता, कोई बांदा नहीं "यानी कोई हर्ज नहीं फिर आ जाएंगे।"

बीयर की बोतल चौदह आने में आती थी। उसको ख़ाली करके और प्लेटें साफ करके वह बड़े ख़ूबसूरत इशारे से बैरे को बिल लाने के लिये कहता। बैरा बिल लाता तो वह उसे एक रूपया देता और बड़ी शान से कहता "बाक़ी दो आने तुम अपने पास रखो, बैरा सलाम करता, मजीद बेहद मसरूर और शादमां उटता और पारसी सेठ को साहब जी कहकर दफ्तर को तरफ रवाना होता। वहां पहुंचते ही उसके क़दम रुक जाते, पड़ोस की गली में एक छोटी–सी तारीक खोली में मिस लीना रहती थी, किसी ज़माने में मशहूर डांसर थी मगर अब बूढ़ी हो चुकी थी, यहूदन थी। उसकी दो लड़कियां थीं, एस्थर और हेलन, एस्थर सोलह वर्ष की थी और हेलन तेरह वर्ष की, दोनों रात को अपनी मां के पास एक लम्बा कुर्ता पहने लेटी होती थीं, सिर्फ एक पलंग था, मिस लीना फर्श पर चटाई बिछाकर सोती थी। रात को बीयर पीकर मिस लीना के हां जाना मजीद का मामूल बन गया था, वह बाहर वाले होटल वाले को तीन चाय का आर्डर देकर गली में दाख़िल होता और मिस लीना की खोली में पहुंच जाता। अन्दर टीन की कुप्पी जल रही होती। एस्थर और हेलन क़रीब–क़रीब नीम बरहना होतीं। मजीद पहुंचता तो ज़ोर से पुकारता "अस्सलामुअलैकुम" मां बेटियां ठेठ अरबी लहजे में वअलैकुमुस्सलाम कहतीं और लोहे की कुर्सी पर बैठ जाता, मिस लीना से कहता "चाय का आर्डर दे आया हूं।"

ऐस्थर बारीक आवाज़ में कहती "थैंक यू" छोटी बिस्तर पर लोटें लगाना शुरू कर देती, मजीद को उसकी आढ़ू जितनी छातियों और नंगी टांगों की कई झलकियां दिखाई देतीं जो उसके मसरूर मख़मूर दिमाग़ को

फरहत बख़्शतीं।

बाहर वाला चाय लेकर आता तो मां बेटियां पीना शुरू कर देतीं, मजीद ख़ामोश बैठा रहता, उस तंगो-तारीक माहौल में एक अजीबो-ग़रीब सुकून उसको महसूस होता। वह चाहता कि उन तीनों का शुक्रिया अदा करे। उस धुंआ देने वाली कुप्पी का भी शुक्रिया अदा करे जो धीमी-धीमी रोशनी फैला रही थी, वह लोहे की उस कुर्सी का भी शुक्रिया अदा करना चाहता था जिसने उसको निशश्त पेश की हुई थी।

थोड़ी देर वह मां बेटियों के पास बैठता, दोनों लड़कियां ख़ूबसूरत थी, उनकी ख़ूबसूरती मजीद की आंखों में बड़ी प्यारी नींद ले आती, रुख़सत लेकर वह उठता और झूमता-झामता अपने दफ्तर में पहुंच जाता और कपड़े बदल कर बेंच पर लेटता और लेटते ही खुशगवार और पुरसुकून नींद की गहराइयों में उतर जाता।

फुर्सत के औक़ात व्हिस्की तीन चार पैग पीकर जब मजीद उस ज़माने को याद करता तो कुछ अर्से के लिये सब कुछ भूलकर उसमें महव हो जाता, नशा कम होता तो वह ब्लैक मार्किट के संबंध में सोचने लगता। रूपया कमाने के नए ढंग तख़लीक़ करता, उन औरतों के संबंध में गौर करता जिनसे वह जिन्सी रिश्ता क़ायम करना चाहता था।

मजीद का माज़ी जंग से पहले की फ़िज़ा में गुम हो चुका था- एक मद्धम लकीर-सी रह गई थी जिसको मजीद अब दौलत से पीट रहा था।

अब और कहने की ज़रूरत नहीं

यह दुनिया भी अजीबो-ग़रीब है- ख़ासकर आज का ज़माना- क़ानून को जिस तरह फ़रेब दिया जाता है, इसके सम्बंध में शायद आपको अधिक जानकारी न हो। आजका क़ानून एक बेमानी चीज़ बन कर रह गया है। इधर कोई नया क़ानून बनता है, उधर यार लोग उसका तोड़ सोच लेते हैं। इसके इलावा अपने बचाओ की कई सूरतें पैदा कर लेते हैं।

किसी अख़बार पर आफ़त आनी हो तो आया करे, उसका मालिक सुरक्षित रहेगा, इसलिए कि प्रिंट लाइन में किसी क़साई या बोबी का नाम प्रिंटर पब्लिशर और एडीटर के तौर पर दर्ज होगा। अगर अख़बार में कोई ऐसा लेख छप गया जिस पर गवर्नमेंट को एतराज़ हो तो असल मालिक के बजाये वो धोबी या क़साई गिरफ़्त में आ जायेगा। उसको जुर्माना होगा या क़ैद। जुर्माना तो ज़ाहिर है अख़बार का मालिक अदा कर देगा, मगर क़ैद तो वो अदा नहीं कर सकता। लेकिन इन दो पार्टियों के दर्मियान इस क़िस्म का मुआहिदा होता है कि अगर क़ैद हुई तो वो उसके घर इतने रूपये माहवार पहुंचा दिया करेगा। ऐसा मुआहिदा में ख़िलाफ़वर्ज़ी बहुत कम होती है।

जो लोग नाजाइज़ तौर पर शराब बेचते हैं, उनके पास दो-तीन आदमी ऐसे ज़रूर मौजूद होते हैं जिनका केवल ये काम है कि अगर पुलिस छापा मारे तो वो गिरफ़्तार हो जाएं और चंद माह की क़ैद काट कर वापस आ जाएं। उसका मुआवज़ा उनको माक़ूल मिल जाता है।

छापा मारने वाले भी पहले ही से सूचना दे देते हैं कि हम आ रहे हैं, तुम अपना इंतज़ाम कर लो- चुनांचि फ़ौरन इंतज़ाम कर लिया जाता है, यानी मालिक ग़ायब हो जाता है। लेकिन दुनिया में जितनी नौकरियां हैं कुछ

इस क़िस्म की होती हैं।

मैं जब अमीन पहलवान से मिला तो वो तीन महीने की क़ैद काट कर वापस आया था। मैंने उससे पूछा: "अमीन इस दफ़ा कैसे जेल में गए?"

अमीन मुस्कुराया: "अपने कारोबार के सिलसिले में!"

"क्या कारोबार था?"

"जो रहा, वही है।"

"भई बताओ तो–"

"बताने की क्या ज़रूरत है– आप अच्छी तरह जानते हैं। मगर ख़ाहमख़ाह मुझ से पूछ रहे हैं।"

मैने थोड़ी देर बाद उससे कहा : "अमीन! तुम्हें आए दिन जेल में जाना क्यों पसंद है?"

अमीन पहलवान मुस्कुराया : "जनाब– पसंद और नापसंद का सवाल ही पैदा नहीं होता– लोग मुझे पहलवान कहते हैं। हालांकि मैने आज तक अखाड़े की शकल नहीं देखी– अनपढ़ हूं– कोई और हुनर भी मुझे नहीं आता– बस, जेल जाना आता है। वहां मैं ख़ुश रहता हूं– मुझे कोई तकलीफ़ महसूस नहीं होती– आप हर रोज़ दफ़्तर जाते हैं– क्या वो जेल नहीं–"

मैं लाजवाब हो गया: "तुम ठीक कहते हो अमीन! लेकिन दफ़्तर जाने वालों का मामला दूसरा है– लोग उन्हें बुरी निगाहों से देखते।"

"क्यों नहीं देखते! ज़िला कचहरी के जितने मुंशी और कलर्क हैं उन्हें कौन अच्छी नज़र से देखता है– रिश्वतें लेते हैं– झूठ बोलते हैं और परले दर्जे के मक्कार होते हैं। मुझ में ऐसा कोई ऐब नहीं– मैं अपनी रोज़ी बड़ी ईमानदारी से कमाता हूं।"

मैंने उससे पूछा– "किस तरह?"

उसने जवाब दिया: इस तरह कि अगर किसी का काम करता हूं और क़ैद काटता हूं जेल में मेहनत मशक़्क़त करता हूं और बाद में उस शख़्स से, जिसके लिए मैंने सज़ा भुगती थी, मुझे दो-तीन सौ रूपया मिलता है तो ये मेरी मज़दूरी है। इस पर किसी को क्या एतराज़ हो सकता है– मैं रिश्वत तो नहीं लेता– हलाल की कमाई खाता हूं लोग मुझे गुण्डा समझते हैं– बड़ा ख़तरनाक गुण्डा– लेकिन मैं आपको बताऊं कि मैने आज तक किसी के थप्पड़ भी नहीं मारा। मेरी लाइन बिल्कुल अलग है–"

उसकी लाइन वाक़ई दूसरों से अलग थी– मुझे हैरत थी कि तीन-चार बार क़ैद काटने के बावजूद उसमें कोई तब्दीली नहीं आई, वो बड़ा संजीदा

मगर गंवार क़िस्म का आदमी था। जिसको किसी की पर्वा नहीं थी। क़ैद काटने के बाद जब भी आता तो उसका वज़न कम से कम दस पाउंड ज़्यादा होता।

एक दिन मैने उससे पूछा– ''अमीन! क्या वहां का खाना तुम्हें रास आता है?''

उसने अपने विशेष अंदाज़ में जवाब दिया: खाना कैसा भी हो, उसको रास करना आदमी का अपना काम है– मुझे दाल से नफ़रत थी, लेकिन जब पहली बार मुझे वहां कंकरों से भरी दाल दी गई और रेत मिली रोटी, तो मैने कहा– अमीन यार– यह सबसे अच्छा खाना है। खा, डिनर पेल और ख़ुदा का शुक्र बजा ला। चुनांचि मैं एक दो रोज़ ही में आदी हो गया– मुशक़्क़त करता, खाना खाता और यों महसूस करता जैसे मैं ने गंजे के होटल से पेट भर कर खाना खाया है।''

मैने एक दिन उससे पूछा। ''तुमने कभी किसी औरत से भी मुहब्बत की है?''

उसने अपने दोनों कान पकड़े– ''ख़ुदा बचाये उस मुहब्बत से मुझे सिर्फ़ अपनी मां से मुहब्बत है।''

मैने उससे पूछा: ''तुम्हारी मां ज़िन्दा है?''

''जी हां– ख़ुदा के फ़ज़्लो-करम से– बहुत बूढ़ी है, लेकिन आपकी दुआ से उसका साया मेरे सर पर देर तक क़ायम रहेगा और वो तो हर वक़्त मेरे लिए दुआएं मांगती रहती है कि ख़ुदा मुझे नेकी की हिदायत करे–''

मैने उससे कहा: ''ख़ुदा तुम्हारी मां को सलामत रखे। पर मैने पूछा था कि तुम्हें किसी औरत से मुहब्बत हुई या नहीं। देखो, झूठ नहीं बोलना।''

अमीन पहलवान ने बड़े तेज़ लहजे में कहा : ''मैने अपनी ज़िदगी में आज तक कभी झूठ नहीं बोला– मैने किसी औरत से मुहब्बत नहीं की।

मैने पूछा : ''क्यों?''

उसने जवाब दिया : ''इसलिए कि मुझे उससे दिलचस्पी ही नहीं।'' मैं ख़ामोश ही रहा।

तीसरे रोज़ उसकी मां पर फालिज गिरा और वो मर गई। अमीन पहलवान के पास एक पैसा भी नहीं था। वो सोग़वार, दुखी और दिल शिकस्ता बैठा था कि शहर के एक रईस की तरफ़ से उसे बुलावा आया। वो अपनी प्यारी मां की 'मैयत' छोड़ कर उसके पास गया और उससे पूछा: ''क्यों मियां साहब, अपने मुझ क्यों बुलाया है?''

मियां साहब ने कहा : "तुम्हें क्यों बुलाया जाता है– एक ख़ास काम है।"

अमीन ने जिसके दिलो-दिमाग़ में अपनी मां का कफ़न-दफ़न तैर रहा था, पूछा: "हुज़ूर ये ख़ास काम क्या है?"

मियां साहब ने सिगरेट सुलगाया: "ब्लैक मार्किट का क़िस्सा है। मुझे मालूम हुआ कि आज मेरे गोदाम पर छापा मारा जायेगा। सो मैने सोचा कि अमीन पहलवान बेहतरीन आदमी है जो इसे निमट सकता है।"

अमीन ने बड़े दुखी और ज़ख़्मी अंदाज़ में कहा: "आप फ़रमाइये, मैं आपकी ख़िदमत क्या कर सकता हूं?"

"भई, ख़िदमत-विदमत की बात तुम मत करो– बस सिर्फ इतनी-सी बात है कि जब छापा पड़े तो गोदाम के मालिक तुम होगे। गिरफ़्तार हो जाओगे। ज़्यादा से जुर्माना पांच हज़ार रूपये होगा, एक दो बरस की क़ैद।"

"मुझे क्या मिलेगा?"

"जब वहां से रिहा होकर आओगे तो मामला तय कर लिया जाएगा।"

अमीन ने मियां साहब से कहा : "हुज़ूर, यह बहुत दूर की बात है। जुर्माना तो आप अदा कर देंगे, लेकिन क़ैद तो मुझे काटनी पड़ेगी। आप बाक़ायदा सौदा करें।"

मियां साहब मुस्कुराए "तुम से आज तक मैने कभी वायदा-ख़िलाफी की है– पिछली बार मैंने तुम से काम लिया, और तुम को तीन महीने की क़ैद हुई। तो क्या मैने जेल में हर क़िस्म की सहूलत क्या न पहुंचाई। तुमने बाहर आकर मुझ से कहा कि तुम्हें वहां कोई तकलीफ़ नहीं थी– अगर तुम कुछ अर्से के लिए जेल चले गये तो वहां तुम्हें हर आसाइश होगी।"

"अमीन ने कहा: "जी– ये सब दुरूस्त है– लेकिन।"

"लेकिन क्या?"

अमीन की आंखों में आंसू आ गये: "मियां साहब! मेरी मां मर गई है।"

"कब?"

"आज सुबह।"

मियां साहब ने दुख प्रकट किया : "कफ़न-दफ़ना दिया होगा।"

अमीन की आंखों में से आंसू टप-टप गिरने लगे। "मियां साहब अभी तो कुछ भी नहीं हो सका– मेरे पास तो अफ़ीम खाने के लिए भी कुछ नहीं है।"

मियां साहब ने कुछ क्षण हालात पर ग़ौर किया और अमीन से कहा: "तो ऐसा करो मेरा मतलब है कि कफ़न-दफ़न का बन्दोबस्त मैं अभी किये

देता हूं– तुम्हें किसी क़िस्म का तरद्दुद नहीं करना चाहिए– तुम गोदाम पर जाओ और अपनी ड्यूटी संभालो।''

अमीन ने अपनी मैली कमीज़ से आंसू पोंछे– ''लेकिन मियां साहब मैं– मैं अपनी मां के जनाज़े को कंधा भी न दूं।''

मियां साहब ने फ़लसफ़ियाना अंदाज़ में कहा– ये सब रस्मी चीज़े हैं। मरहूमा को दफ़नाना, सो ये काम बड़ी अच्छी तरह से हो जायेगा। तुम्हें जनाज़े के साथ जाने की क्या ज़रूरत है। तुम्हारे साथ जाने से मरहूमा को क्या राहत पहुंचेगी– वो तो बेचारी इस दुनिया से रुख़्सत हो चुकी है– उसके जनाज़े के साथ कोई भी जाए– क्या फ़र्क़ पड़ता है। असल में तुम लोग जाहिल हो– मैं अगर मर जाऊं तो मुझे क्या मालूम है कि मेरे जनाज़े में किस-किस अज़ीज़ और दोस्त ने शिर्कत की थी। मुझे अगर जला भी दिया जाए तो क्या फ़र्क़ पड़ता है। मेरी लाश को चीलों और गिद्धों के हिवाले कर दिया जाए तो मुझे इसकी क्या ख़बर होगी। तुम ज़्यादा जज़्बाती न बनो, दुनिया में सब से ज़रूरी चीज़ यह है– कि अपने बारे में सोचा जाए– मैं पूछता हूं, तुम्हारी कमाई के साधन क्या हैं''

अमीन सोचने लगा। कुछ क्षण अपनी बिसात के अनुसार ग़ौर करने के बाद उसने जवाब दिया : हुज़ूर मेरी कमाई के साधन आपको मालूम हैं, मुझ से क्यों पूछते हैं।''

मैंने इसलिए पूछा था कि तुम्हें मेरा काम करने में क्या दिक़्क़त है। मैं तुम्हारी मां के कफ़न-दफ़न का भी बन्दोबस्त किए देता हूं, और जब तुम जेल से वापस आओगे तो।''

अमीन पहलवान ने बड़े बैंडे अंदाज़ में पूछा– ''तो आप मेरा भी बंदोबस्त कर देंगे।''

मियां साहब बौखला गए: ''तुम कैसी बातें करते हो अमीन पहलवान।''

अमीन पहलवान ने ज़रा तेज़ लहजे में कहा: ''अमीन पहलवान की ऐसी की तैसी। आप यह बताइये कि मुझे कितने रूपये मिलेंगे– मैं एक हज़ार से कम नहीं लूंगा।''

''एक हज़ार तो बहुत ज़्यादा हैं।''

अमीन ने कहा: ज़्यादा है या कम– मैं कुछ नहीं जानता– मैं जब क़ैद काट कर आऊंगा तो अपनी मां की क़ब्र पुख़्ता बनाऊंगा, संगमरमर की– वो मुझ से बहुत प्यार करती है।''

मियां साहब ने उससे कहा, ''अच्छा भई, एक हज़ार ही ले लेना।''

अमीन ने मियां साहब से कहा: "तो लाइये इतने रूपये दे दीजिये कि मैं कफ़न-दफ़न का इंतेज़ाम कर लूं– इसके बाद मैं आपकी ख़िदमत के लिए हाज़िर हो जाऊंगा।"

मियां साहब ने अपनी जेब से बटुआ निकाला– "लेकिन तुम्हारा क्या भरोसा है।"

अमीन को यों महसूस हुआ जैसे उसको किसी ने मां-बहन की गाली दी है। "मियां साहब! आप मुझे बे-ईमान समझते हैं– बे-ईमान आप हैं– इसलिए कि अपने कर्मों का बोझ मेरे सर पर डाल रहे हैं।"

मियां साहब मौक़ा शनास थे। उन्होंने समझा कि अमीन बिगड़ गया है, चुनांचि उन्होंने फ़ौरन अपनी 'चर्ब-ज़ुबानी' से हल करने की कोशिश की लेकिन अमीन पर कोई असर न हुआ।

जब वो घर पहुंचा तो देखा कि 'गुसाल' उसकी मां को आख़री ग़ुस्ल दे चुके हैं। कफ़न भी पहनाया जा चुका है– अमीन को बहुत हैरत हुआ कि उस पर ये मेहरबानी किसने की है– मियां साहब ने– लेकिन वो तो सौदा करना चाहते थे।

उसने एक आदमी से जो ताबूत को सजाने के लिए फूल गोंघ रहा था, पूछा: ये किस आदमी ने इतना इंतेज़ाम किया है?"

फूल वाले ने जवाब दिया : "हुज़ूर। आपकी बीवी ने।"

अमीन चकरा गया– वो अपना आश्चर्य प्रकट करता मगर ख़ामोश रहा। फूल वाले से सिर्फ़ इतना पूछा– "कहां है वो–"

फूल वाले ने जवाब दिया: "जी, अन्दर हैं– आपका इंतेज़ार कर रही थीं"

अमीन अन्दर गया– तो देखा कि एक नौजवान, ख़ूबसूरत लड़की उसकी चारपाई पर बैठी है– अमीन ने उससे पूछा– "आप कौन हैं– यहां क्यों आई हैं।"

उस लड़की ने जवाब दिया– "मैं आपकी बीवी हूं, ये आपका अजीबो-ग़रीब सवाल है।"

अमीन ने उससे पूछा: "मेरी बीवी तो कोई भी नहीं बताओ तुम कौन हो।"

लड़की मुस्कुराई:

"मैं– मियां– दीन की बेटी हूं– उनसे जो आपकी गुफ़्तुगू हुई, मैंने सब सुनी– और–और–"

"अब और कहने की ज़रूरत नहीं–"

गुरमुख सिंह की वसीयत

पहले छुरा भोंकने की इक्का-दुक्का वारदात होती थी। अब दोनों फ़रीक़ों में बाक़ायदा लड़ाई की ख़बरें आने लगी थीं। जिनमें चाक़ू छुरों के अलावा किरपानें, तलवारें और बंदूक़ें आम इस्तेमाल की जाती थीं। कभी देसी साख़्त के बम फटने की इत्तला भी मिलती थी।

अमृतसर में क़रीब-क़रीब हर एक आदमी का यही ख़्याल था कि ये साम्प्रदायिक दंगे देर तक जारी नहीं रहेंगे। जोश है, जों ही ठंडा हुआ, फ़िज़ा फिर अपनी असली हालत पर आ जाएगी। इससे पहले ऐसे कई दंगे अमृतसर में हो चुके थे जो देरपा नहीं थे। दस-पन्द्रह तक मार कटाई का हंगामा रहता था। फिर अपने-आप शांत हो जाता था। चुनाँचि पुराने तजुर्बों की बिना पर लोगों का यही ख़्याल था कि ये आग थोड़ी देर के बाद अपना ज़ोर ख़त्म करके ठण्डी हो जायेगी। मगर ऐसा न हुआ। बल्वों का ज़ोर दिन प्रितिदिन बढ़ता ही गया।

हिन्दुओं के मुहल्ले में जो मुसलमान रहते थे, भागने लगे। इसी तरह वो हिन्दु जो मुसलमानों के मुहल्ले थे, अपना घर-बार छोड़ के सुरक्षित स्थानों का रुख़ करने लगे। मगर यह इंतज़ाम सब के लिए क्षणिक था उस समय तक के लिए जब फ़िज़ा दंगे के लपट से पाक हो जाने वाली थी।

मियां अब्दुल हई रिटायर्ड सब जज को तो सौ फ़ीसद यक़ीन था कि सूरतहाल बहुत जल्द दुरुस्त हो जायेगी। यही वजह है कि वो ज़्यादा परेशान नहीं थे। उनका एक लड़का था ग्यारह बरस का। एक लड़की थी सतरह बरस की। एक पुराना नौकर था जिसकी उम्र सतरह के लगभग थी। छोटा परिवार था। जब दंगा शुरू हुआ तो मियां साहब ने काफ़ी राशन घर में जमा

कर लिया था। इस तरफ़ से वो बिल्कुल मुतमइन थे कि अगर ख़ुदानख़्वास्ता हालात कुछ ज़्यादा बिगड़ गए और दुकानें वग़ैरह बन्द हो गईं तो उन्हें खाने-पीने के मामले में तरद्दुद नहीं करना पड़ेगा। लेकिन उनकी जवान लड़की सुग़रा बहुत परेशान थी। उनका घर तीन मंज़िला था। दूसरी इमारतों के मुक़ाबले में काफ़ी ऊंचा। उसकी मुमटी से शहर का तीन चौथाई हिस्सा अच्छी तरह नज़र आता था। सुग़रा अब कई दिनों से देख रही थी कि नज़दीक, दूर कहीं न कहीं आग लगी होती है। शुरू-शुरू में तो फ़ायर ब्रिगेड की टन-टन सुनाई देती थी पर अब वो भी बन्द हो गई थी। इसलिए कि जगह-जगह आग भड़कने लगी थी।

रात को अब कुछ और ही समां होता। घुप अंधेरे में बड़े-बड़े शोले उठते जैसे देव हैं जो अपने मुंह से आग के फव्वारे छोड़ रहे हैं। फिर अजीब-अजीब-सी आवाज़ें आतीं जो हर हर महादेव और अल्लाहु अकबर के नारों के साथ मिल कर बहुत ही वहशतनाक बन जातीं।

सुग़रा बाप से अपने ख़ौफ़ो-हरास का ज़िक्र नहीं करती थी, इसलिए कि वो एक बार घर में कह चुके थे कि डरने की कोई वजह नहीं, सब ठीक-ठाक हो जायेगा। मियां साहब की बातें हमेशा दुरुस्त हुआ करती थीं। सुग़रा को इससे इत्मीनान था।

मगर जब बिजली का सिलसिला टूट गया और साथ ही नलों में पानी आना बन्द हो गया तो उसने मियां साहब से अपनी तश्वीश का इज़हार किया, और डरते-डरते राय दी कि चंद रोज़ के लिए शरीफ़पुर उठ जाएें जहां अड़ोस-पड़ोस के सारे मुसलमान आहिस्ता-आहिस्ता जा रहे थे। मियां साहब ने अपना फ़ैसला न बदला और कहा: "बेकार घबराने की कोई ज़रूरत नहीं। हालात बहुत जल्द ठीक हो जायेंगे।"

मगर हालात बहुत जल्द ठीक नहीं हुए और दिन-बदिन बिगड़ते गये। वो मुहल्ला जिसमें मियां अब्दुल हई का मकान था, मुसलमानों से मुहल्ला ख़ाली हो गया। और ख़ुदा का करना ऐसा हुआ कि मियां साहब पर एक रोज़ अचानक फ़ालिज गिरा जिसके कारण वो लाचार बिस्तर पर पड़ गये। उनका लड़का बशारत भी जो पहले अकेला घर में ऊपर-नीचे तरह-तरह के खेलों में मसरूफ़ रहता था, अब बाप की चारपाई के साथ लग कर बैठ गया और हालात की नज़ाकत समझने लगा।

वो बाज़ार जो उनके मकान के साथ जुड़ा था, सुनसान पड़ा था। डाक्टर ग़ुलाम मुस्तफ़ा की डिस्पेंसरी मुद्दत से बन्द पड़ी थी। उससे कुछ

दूर हट कर डॉक्टर गोरानद तामिल थे। सुग़रा ने शह नशीन से देखा था कि उनकी दुकान में भी ताले पड़े हैं। मियां साहब क़ी हालत बहुत ही ख़राब थी। सुग़रा इतनी परेशान थी कि उसके होशो-हवास बिल्कुल जवाब दे गये थे। बशारत को अलग लेजा कर उसने कहा: खुदा के लिए, तुम ही कुछ करो। मैं जानती हूं कि बाहर निकलना ख़तरे से ख़ाली नहीं, मगर तुम जाओ– किसी को भी बुला लाओ। अब्बा जी की हालत बहुत ख़तरनाक है।''

बशारत गया मगर फ़ौरन ही वापस आ गया। उसका चेहरा हल्दी की तरह पीला था। चौक में उसने एक लाश देखी थी खून से तरबतर– और पास ही बहुत से आदमी ढाटे बांधे एक दुकान लूट रहे थे। सुग़रा ने अपने भयभीत भाई को सीने के साथ लगाया और सब्र-शुक्र करके बैठ गई। मगर उससे अपने बाप की हालत नहीं देखी जाती थी। मियां साहब के जिस्म का दाहिना हिस्सा बिल्कुल सुन हो गया था जैसे उसमें जान ही नहीं। बात-चीत में भी फ़र्क़ पड़ गया था और वो ज़्यादा तर इशारों ही से बातें करते थे जिसका मतलब ये था कि सुग़रा घबराने की कोई बात नहीं। खुदा के फ़ज़्लो-करम से सब ठीक हो जायेगा।

कुछ भी ठीक न हुआ। रोज़े ख़त्म होने वाले थे। सिर्फ़ दो रह गये थे। मियां साहब का ख़्याल था कि ईद से पहले-पहले फिज़ा बिल्कुल साफ़ हो जायेगी। मगर अब ऐसा मालूम होता था कि शायद ईद ही का रोज़, रोज़े क़यामत हो, क्योंकि मुमटी पर से अब शहर के क़रीब-क़रीब हर हिस्से से धुएं के बादल उठते दिखाई देते थे। रात को बम फटने की ऐसी-ऐसी होलनाक आवाज़ें आती थीं कि सुग़रा और बशारत एक क्षण के लिए भी सो नहीं सकते थे। सुग़रा को तो यों भी बाप की तीमारदारी के लिए जागना पड़ता था। मगर अब ये धमाके, ऐसा मालूम होता था कि उसके दिमाग़ के अन्दर हो रहे हैं। कभी वो अपने मफ़लूज बाप की तरफ़ देखती और कभी अपने वहशतज़दा भाई की तरफ़– सत्तर बरस का बुड्ढा नौकर अकबर था जिसका वजूद होने ने होने के बराबर था। वो सारा दिन सारी रात पड़ा अपनी कोठरी में खांसता खंकारता और बलग़म निकालता रहता था। एक रोज़ तंग आकर सुग़रा उस पर बरस पड़ी: तुम किस मर्ज़ की दवा हो? देखते नहीं हो, मियां साहब की क्या हालत है। असल में तुम परले दर्जे के नमक हराम हो। अब ख़िदमत का मौक़ा आया है तो दमा का बहाना करके पड़े रहते हो– वो भी ख़ादिम थे जो आक़ा के लिए अपनी जान तक

क़ुर्बान कर देते थे।''

सुग़रा अपना जी हलका करके चली गई। बाद में उसको अफ़सोस हुआ कि नाहक़ उस ग़रीब को इतनी लानत-मलामत की। रात का खाना थाल में लगा कर उसकी कोठरी में गई तो देखा ख़ाली है। बशारत ने घर में इधर-उधर तलाश किया मगर वो नहीं मिला। बाहर के दरवाज़े की कुंडी खुली थी जिसका मतलब यह था कि वो मियां साहब के लिए कुछ करने गया है। सुग़रा ने बहुत दुआएं मांगी कि खुदा उसे कामयाब करे, लेकिन दो दिन गुज़र गए वो नहीं आया।

शाम का वक़्त था। ऐसी कई शामें सुग़रा और बशारत देख चुके थे। जब ईद की आमद-आमद के हंगामे बरपा होते थे, जब आसमान पर चांद देखने के लिए उनकी नज़रें जमी रहती थीं। दूसरे दिन ईद थी। सिर्फ़ चांद को इसका एलान करना था। दोनों इस एलान के लिए कितने बेताब हुआ करते थे। आसमान पर चांद वाली जगह पर अगर बदल का कोई हटेला टुकड़ा जम जाता था तो कितनी कोफ़्त होती थी उन्हें, मगर अब चारों तरफ़ धुएं के बादल थे। सुग़रा और बशारत दोनों मुमटी पर चढ़े। दूर कहीं-कहीं कोठों पर लोगों के साये धब्बों की सूरत में दिखाई देते थे, मगर मालूम नहीं ये चांद देख रहे थे या जगह-जगह सुलगती और भड़कती हुई आग।

चांद भी कुछ ऐसा ढीट था कि चादर मे से भी नज़र आ गया। सुग़रा ने हाथ उठा कर दुआ मांगी कि खुदा अपना फ़ज़्ल करे और उसके बाप को तन्दुरुस्ती अता फ़रमाए। बशारत दिल ही दिल में कोफ़्त महसूस कर रहा था कि गड़बड़ के कारण एक अच्छी-भली ईद ग़ारत गई।

दिन अभी पूरी तरह ढला नहीं था। यानी शाम की स्याही अभी गहरी नहीं हुई थी। मियां साहब की चारपाई छिड़काव किए हुए सहन में बिछी थी। वो उस पर बेहिसो-हरकत लेटे थे और दूर आसमान पर निगाहें जमाये जाने क्या सोच रहे थे। ईद का चांद देख कर जब सुग़रा ने पास आकर उन्हें सलाम किया तो उन्होंने इशारा से जवाब दिया। सुग़रा ने सर झुकाया तो उन्होंने वो बाज़ू जो ठीक था उठाया और उस पर शफ़्क़त से हाथ फेरा। सुग़रा की आंखों से टप-टप आंसू गिरने लगे तो मियां साहब की आंखें भी नमनाक हो गईं मगर उन्होंने तसल्ली देने की ख़ातिर मुश्किल से अपनी नीम मफ़लूज ज़बान से ये अल्फ़ाज़ निकाले: अल्लाह तबारको-तआला सब ठीक कर देगा।''

ठीक उसी वक़्त बाहर दरवाज़े पर दस्तक हुई। सुग़रा का कलेजा

धक से रह गया। उसने बशारत की तरफ़ देखा जिसका चेहरा काग़ज़ की तरह सफ़ेद हो गया था।

दरवाज़े पर दस्तक हुई। मियां साहब सुग़रा से मुख़ातिब हुए: "देखो, कौन है।"

सुग़रा ने सोचा कि शायद बुड्ढा अकबर हो। इस ख़्याल ही से उसकी आंखें तमतमा उठीं। बशारत का बाज़ू पकड़ कर उसने कहा : "जाओ देखो– शायद अकबर आया है।"

ये सुन का मियां साहब ने 'न' में यों सर हिलाया जैसे वो ये कह रहे हैं।"

सुग़रा ने कहा: "तो और कौन हो सकता है अब्बा जी?"

मियां अब्दुल हई ने अपनी कुव्वत गोयाई पर ज़ोर देकर कुछ कहने की कोशिश की कि बशारत आ गया। वो सख़्त ख़ौफ़ज़दा था। एक सांस ऊपर और एक नीचे। सुग़रा को मियां साहब की चारपाई से एक तरफ़ हटा कर उसने हौले से कहा: "एक सिक्ख है।"

सुग़रा की चीख़ निकल गई: "सिक्ख?– क्या कहता है?"

बशारत ने जवाब दिया : "कहता है दरवाज़ा खोलो।"

सुग़रा ने कांपते हुए बशारत को खींच कर अपने साथ चिमटा लिया और बाप की चारपाई पर बैठ गई, और अपने बाप की तरफ़ वीरान नज़रों से देखने लगी।

मियां अब्दुल हई के पतले-पतले बेजान होंठों पर एक अजीब-सी मुस्कुराहट पैदा हुई: जाओ... गुरमुख सिंह है।"

बशारत ने 'न' में सर हिलाया: "कोई और है?"

मियां साहब ने फ़ैसलाकुन अंदाज़ में कहा: "जाओ सुग़रा, वही है।"

सुग़रा उठी। वो गुरमुख सिंह को जानती थी। पेंशन लेने से कुछ देर पहले उसके बाप ने इस नाम के एक सिक्ख का कोई काम किया था। सुग़रा को अच्छी तरह याद नहीं था। शायद उसको एक झूठे मुक़दमे से निजात दिलाई थी। जब से वो हर छोटी ईद से एक दिन पहले रूमाली सेवैयों का एक थैला लेकर आया करता था। उसके बाप ने कई बार उस से कहा था: "सरदार जी। आप यह तकलीफ़ न किया करें।" मगर वो हाथ जोड़ कर जवाब दिया करता था: "मियां साहब! वाहगुरू की कृपा से आपके पास सब कुछ है। यह तो एक तोहफ़ा है जो मैं जनाब की ख़िदमत में हर साल लेकर आता हूं। मुझ पर जो आपने एहसान किया था, उसका

बदला तो मेरी सौ पीढ़ी भी नहीं चुका सकती... खुदा आपको खुश रखे।''

सरदार गुरमुख सिंह को हर साल ईद से एक दिन पहले सेवैयों का थैला लाते इतना अर्सा हो गया था कि सुग़रा को हैरत हुई कि उसने दस्तक सुन कर ये क्यों ख़्याल न किया कि वही होगा। मगर बशारत भी तो उसको सैकड़ों बार देख चुका था। फिर उसने क्यों कहा कोई और है– और कौन हो सकता है। यह सोचती सुग़रा ड्योढ़ी तक पहुंची। दरवाज़ा खोले या अन्दर ही से पूछे इसके सम्बंध में अभी वो फ़ैसला ही कर रही थी कि दरवाज़े पर ज़ोर से दस्तक हुई। सुग़रा का दिल ज़ोर-ज़ोर से धड़कने लगा। बड़ी मुश्किल से उसने आवाज़ निकाली : ''कौन है?''

बशारत पास खड़ा था। उसने दरवाज़े के एक झिरी की तरफ़ इशारा किया और सुग़रा से कहा : ''इसमें से देखो?''

सुग़रा ने झिरी से देखा। गुरमुख सिंह नहीं था, वो तो बहुत बूढ़ा था, लेकिन ये जो बाहर थड़े पर खड़ा था, नौजवान था। सुग़रा अभी झिरी पर आंख जमाये उसका जायज़ा ले रही थी कि उसने फिर दरवाज़ा खटखटाया। सुग़रा ने देखा कि उसके हाथ में काग़ज़ का थैला था वैसा ही जैसा गुरूमुख सिंह लाया करता था।

सुग़रा ने झिरी से आंख हटाई और ज़रा तेज़ आवाज़ में दस्तक देने वाले से पूछा: ''कौन हैं आप?''

बाहर से आवाज़ आई: ''जी... जी मैं– मैं सरदार गुरमुख सिंह का बेटा हूं–संतोख!''

सुग़रा का ख़ौफ़ बहुत हद तक दूर हो गया। बड़ी शाइस्तगी से उसने पूछा: ''फ़रमाइये, आप कैसे आए हैं।''

बाहर से आवाज़ आई ''जी... जज साहब कहां हैं?''

सुग़रा ने जवाब दिया : ''बीमार हैं।''

सरदार संतोख सिंह ने अफ़्सोस भरे लहजे में कहा: ''ओह... फिर उसने काग़ज़ का थैला खड़खड़ाया: जी ये सेवैंयां हैं... सरदार जी का देहांत हो गया है... वो मर गए हैं।''

सुग़रा ने जल्दी से पूछा: ''मर गए हैं?''

बाहर से आवाज़ आई: ''जी हां– एक महीना हो गया है... मरने से पहले उन्होंने मुझे ताकीद की थी कि देखो बेटा मैं जज साहब की ख़िदमत में पूरे दस बरस से हर छोटी ईद पर सेवैंयां ले जाता रहा हूं– ये काम मेरे मरने के बाद अब तुम्हें करना होगा– मैंने उन्हें वचन दिया था जो मैं पूरा

कर रहा हूं... ले लीजिये सेवैंयां।''

सुग़रा इतनी प्रभावित हुई कि उसकी आंखों में आंसू आ गए। उसने थोड़ा सा दरवाज़ा खोला। सरदार गुरमुख सिंह के लड़के ने सैवैंयों का थैला आगे बढ़ा दिया जो सुग़रा ने पकड़ लिया और कहा: ''खुदा सरदार जी को जन्नत नसीब करे।''

गुरमुख सिंह का लड़का कुछ देर के बाद बोला: ''जज साहब बीमार हैं?''

सुग़रा ने जवाब दिया: ''जी हां!''

''क्या बीमारी है?''

''फालिज।''

''ओह... सरदारजी ज़िन्दा होते तो उन्हें यह सुनकर बहुत दुख होता— मरते दम तक उन्हें जज साहब का एहसान याद था। कहते थे कि वो इंसान नहीं, देवता है... अल्लाह मियां उन्हें ज़िन्दा रखे... उन्हें मेरा सलाम!''

यह कह कर वो थड़े से उतर गया— सुग़रा सोचती ही रह गई कि वो उसे ठहराये और कहे कि जज साहब के लिए किसी डाक्टर का बंदोबस्त कर दे।

सरदार गुरमुख सिंह का लड़का संतोख, जज साहब के मकान के थड़े से उतर कर चंद गज़ आगे बढ़ा तो चार डाठा बांधे हुए आदमी उसके पास आए। दो के पास जलती मशालें थीं और दो के पास मिट्टी के तेल के कनस्तर और कुछ दूसरी आतिशखे़ज़ चीज़ें। एक ने संतोख से पूछा: ''क्यों सरदारजी, अपना काम कर आए?''

संतोख ने सर हिला कर जवाब दिया: ''हां कर आया।''

उस आदमी ने ढाटे के अन्दर हंसकर पूछा: ''तो करदें मामला ठंडा जज साहब का?''

''हां— जैसी तुम्हारी मर्ज़ी।'' यह कह कर सरदार गुरमुख सिंह का लड़का चल दिया।

आख़री सैल्यूट

यह कश्मीर की लड़ाई भी अजीबो-ग़रीब थी। सूबेदार रब नवाज़ का दिमाग़ ऐसी बंदूक़ बन गया था जिसका घोड़ा ख़राब हो गया हो।

पिछली बड़ी जंग में वो कई महाज़ों पर लड़ चुका था। मारना और मरना जानता था। छोटे बड़े अफ़सरों की नज़रों में उसकी बड़ी चर्चा थी, इसलिए कि वो बड़ा बहादुर, निडर और समझदार सिपाही था। पलाटून कमांडर मुश्किल काम हमेशा उसे ही सौंपते थे और वो उनसे कामयाबी की उमीद रखते थे। मगर इस लड़ाई का ढंग ही निराला था। दिल में बड़ा वलवला, बड़ा जोश था। भूख-प्यास से बेपरवा सिर्फ़ एक ही लगन थी, दुश्मन का सफ़ाया कर देने की। मगर जब उससे सामना होता तो जानी पहचानी सूरतें नज़र आतीं। कुछ दोस्त दिखाई देते, बड़े बग़ली क़िस्म के दोस्त जो पिछली लड़ाई में दोश-बदोश इत्तहादियों के दुश्मनों से लड़े थे, पर अब जान के प्यासे बने हुए थे।

सूबेदार रब नवाज़ सोचता था कि ये सब ख़्वाब तो नहीं। पिछली बड़ी जंग का ऐलान। भर्ती, कद और छातियों की पैमाइश, पीटी, चांद मारी और फिर महाज़। इधर से उधर, उधर से इधर, जंग का ख़ात्मा फिर एकदम पाकिस्तान का क़याम और साथ ही कश्मीर की लड़ाई। ऊपर तले कितनी चीज़ें। रब नवाज़ सोचता था कि करने वाले ने ये सब कुछ सोच समझ कर किया है ताकि दूसरे बौखला जाएं और समझ न सकें। वर्ना ये भी कोई बात थी कि इतनी जल्दी बड़े इंक़लाब बरपा हो जाएं।

इतनी बात तो सूबेदार रब नवाज़ की समझ में आती थी कि वो कश्मीर हासिल करने के लिए लड़ रहे हैं। कश्मीर क्यों हासिल करना है,

ये भी वो अच्छी तरह समझता था इसलिए कि पाकिस्तान की बक़ा के लिए उसका साथ होना बहुत ज़रूरी है। मगर निशाना बांधते हुए जब कोई जानी पहचानी शक्ल नज़र आ जाती थी तो वो कुछ देर के लिए भूल जाता था कि वो किस ग़र्ज़ के लिए लड़ रहा है। किस मक़सद के लिए उसने बंदूक़ उठाई है। और वो ये ग़ालिबन इसीलिए भूलता था कि उसे बार-बार ख़ुद को याद कराना पड़ता था कि अब की वो सिर्फ़ तंख़्वाह, ज़मीन के टुकड़ों और तमग़ों के लिए नहीं बल्कि अपने वतन के लिए लड़ रहा है। ये वतन फिर भी उसका वतन था। वो इसी इलाक़े का रहने वाला था जो अब पाकिस्तान का एक हिस्सा बन गया था। अब उसे अपने उसी हमवतन के ख़िलाफ़ लड़ना था जो कभी उसका हमसाया होता था, जिसके ख़ानदान से पीढ़ी दर पीढ़ी के लम्बे संबंध थे। अब उसका वतन वो था जिसका पानी तक भी उसने कभी नहीं पिया था, पर अब उसकी ख़ातिर, एकदम इसके कंधे पर बंदूक़ रखकर ये हुक्म दे दिया गया था कि जाओ, ये जगह जहां तुमने अभी अपने घर के लिए दो ईंटें भी नहीं चिनीं, जिसकी हवा और जिसके पानी का मज़ा भी अभी तक तुम्हारे मुंह में ठीक तौर पर नहीं बैठा, तुम्हारा वतन है– जाओ इसकी ख़ातिर पाकिस्तान से लड़ो– इस पाकिस्तान से जिसके ऐन दिल में तुमने अपनी उम्र के इतने बरस गुज़ारे हैं।

रब नवाज़ सोचता था कि यही हाल उन मुसलमान फौजियों का है जो हिन्दुस्तान में अपना घर बार छोड़कर यहां आए हैं। वहां उनसे सब कुछ छीन लिया गया था। यहां आकर उन्हें और तो कुछ नहीं मिला अलबत्ता बंदूक़ें मिल गई हैं। उसी वज़न की, उसी शक्ल की, उसी मार के और छाप की।

पहले सब मिलकर एक ऐसे दुश्मन से लड़ते थे जिन को उन्होंने पेट और इनामो-इकराम के लिए अपना दुश्मन यक़ीन कर लिया था। अब वो ख़ुद दो हिस्सों में अब गये थे। पहले सब हिन्दुस्तानी फ़ौजी कहलाते थे। अब एक पाकिस्तानी था और दूसरा हिंदुस्तानी। इधर हिन्दुस्तान में मुसलमान हिन्दुस्तानी फौजी थे। रब नवाज़ जब उनके बारे में सोचता तो उसके दिमाग़ बिल्कुल जवाब दे जाता पाकिस्तानी फ़ौजी कश्मीर के लिए लड़ रहे थे या कश्मीर के मुसलमान के लिए? अगर उन्हें कश्मीर के मुसलमान ही के लिये लड़ाया जाता था तो हैदरराबाद, और जूनागढ़ के मुसलमानों के लिए क्यों उन्हें लड़ने के लिए नहीं कहा जाता था। और अगर यह जंग ठेट इस्लामी जंग थी तो दुनिया में दूसरे इस्लामी मुल्क हैं, वो इसमें क्यों हिस्सा

नहीं लेते।

रब नवाज़ बहुत सोच विचार के बाद इस नतीजे पर पहुंचा था कि ये बारीक-बारीक बातें फ़ौजी को बिल्कुल नहीं सोचना चाहिए। उसकी अक़्ल मोटी होनी चाहिए। क्योंकि मोटी अक़्ल वाला ही अच्छा सिपाही हो सकता है, मगर फ़ितरत से मजबूर कभी-कभी वो चोर दिमग़ से उन पर ग़ौर कर ही लेता था और बाद में अपनी हर हरकत पर खूब हंसता था।

दर्याए किशन-गंगा के किनारे उस सड़क के लिए जो मुज़फ़्फ़राबाद से 'किरन' जाती है, कुछ अर्से से लड़ाई हो रही थी- अजीबो-ग़रीब लड़ाई थी। रात को कभी-कभी आसपास की पहाड़ियां फायरों के बजाये गंदी-गंदी गालियों से गूंज उठती थीं।

एक बार सूबेदार रब नवाज़ अपने पलाटून के जवानों के साथ शब-खून मारने के लिए तैयार हो रहा है कि दूर नीचे एक खाई से गालियों का शोर उठा। पहले तो वा घबरा गया। ऐसा लगता था कि बहुत से भूत मिल कर नाच रहे हैं और ज़ोर-ज़ोर के क़हक़हे लगा रहे हैं। वो बड़बडाया: खिंज़ीर की दुम- ये क्या हो रहा?"

एक जवान ने गूंजती हुई आवाज़ों से मुख़ातिब होकर ये बड़ी गाली दी और रब नवाज़ से कहा: "सूबेदार साहब गालियां दे रहे हैं। अपनी मां के यार।"

रब नवाज़ ये गालियां सुन रहा था जो बहुत उकसाने वाली थीं। उसके जी में आया कि जवाब दे मगर ऐसा करना ग़लती थी; चुनांच वो ख़ामोश रहा। कुछ देर जवान भी चुप रहे, मगर जब पानी सर से गुज़र गया तो उन्होंने भी गला फाड़-फाड़ के गालियां लुढ़काना शुरू कर दीं- रब नवाज़ के लिए इस क़िस्म की लड़ाई बिल्कुल नई चीज़ थी। उसने जवानों को दो-तीन बार ख़ामोश रहने के लिए कहा, मगर गालियां ही कुछ ऐसी थीं कि जवाब दिए बिना इंसान से नहीं रहा जाता था।

दुश्मन के सिपाही नज़र से ओझल थे। रात को तो ख़ैर अंधेरा था, मगर वो दिन को भी नज़र नहीं आते थे। सिर्फ़ उनकी गालियां नीचे पहाड़ी के क़दमों से उठती थीं और पत्थरों के साथ टकरा-टकरा कर हवा में मिल हो जाती थीं। रब नवाज़ के पलाटून के जवान जब इन गालियों का जवाब देते थे तो उसको ऐसा लगता था कि वो नीचे नहीं जातीं, ऊपर को उड़ जाती हैं। इससे उसको ख़ासी कोफ़्त होती थी- चुनांचि उसने झुंझलाकर हमला करने का हुक्म दे दिया।

रब नवाज़ को वहां की पहाड़ियों में एक अजीब बात नज़र आई थी। चढ़ाई की तरफ कोई पहाड़ी पेड़ों और बूटों से लदी-फंदी होती थी और उतराई की तरफ़ गंजी। कश्मीरी हतों की सर की तरह। किसी की चढ़ाई का हिस्सा गंजा होता था और उतराई की तरफ़ पेड़ ही पेड़ होते थे। चीड़ के लम्बे तनावर पेड़ जिनके हटे हुए धागे जैसे पत्तों पर फौजी बूट फिसल-फिसल जाते थे।

जिस पहाड़ी पर सूबेदार रब नवाज़ की पलाटून थी, उसकी उतराई पेड़ों और झाड़ियों से बेनयाज़ थी। ज़ाहिर है कि हमला बहुत ही ख़तरनाक था मगर सब जवान ख़ुशी-ख़ुशी तैयार थे। गालियों का इंतेक़ाम लेने के लिए वो बहुत बेताब थे। हमला हुआ और कामयाब रहा। दो जवान मारे गए। चार ज़ख़्मी हुए। दुश्मन के तीन आदमी खेत रहे। बाक़ी रसद का कुछ सामान छोड़कर भाग निकले।

सूबेदार रब नवाज़ और उसके जवानों को इस बात का बड़ा दुख था कि दुश्मन का कोई ज़िन्दा सिपाही उनके हाथ न आया जिसको वो ख़ातिर-ख़्वाह गालियों का मज़ा चखाते। मगर यह मोर्चा फ़तह करने से वो एक बड़ी अहम पहाड़ी पर क़ाबिज़ हो गये थे। वायरलेस के ज़रीये से सूबेदार रब नवाज़ ने पलाटून कमांडर मेजर असलम को फ़ौरन ही अपने हमले के इस नतीजे से सूचित कर दिया था और शाबाश वसूल कर ली थी।

क़रीब-क़रीब हर पहाड़ी की चोटी पर पानी का एक तालाब सा होता था। इस पहाड़ी पर भी तालाब था। मगर दूसरी पहाड़ियों के तालाबों के मुक़ाबले में ज़्यादा बड़ा। उसका पानी भी बहुत साफ़ था। मौसम सख़्त सर्द था, मगर सब नहाये। दांत बजते रहे मगर उन्होंने कोई परवाह न की। वो अभी इस शग़ल में मसरूफ़ थे कि फ़ायर की आवाज़ आई। सब नंगे ही लेट गए। थोड़ी देर के बाद सूबेदार रब नवाज़ ख़ान ने दूरबीन लगा कर नीचे ढलवानों पर नज़र दौड़ाई, मगर उसे दुश्मन के छुपने की जगह का पता न चला। उसके देखते ही देखते एक और फ़ायर हुआ। दूर उतराई के फ़ौरन बाद एक निस्बतन छोटी पहाड़ी की दाढ़ी से उसे धुआं उठता नज़र आया। उसने फ़ौरन ही अपने जवानों को फ़ायर का हुक्म दिया।

इधर से धर धड़ाधड़ फ़ायर हुए। उधर से भी जवाब में गोलियां चलने लगीं– सूबेदार रब नवाज़ ने दूरबीन से दुश्मन की पोज़ीशन का ध्यानपूर्वक अनुमान लगाया। वो शायद बड़े-बड़े पत्थरों के पीछे सुरक्षित थे। मगर ये दीवार बहुत बहुत ही छोटी थी। ज़्यादा देर तक वो जमे नहीं रह सकते थे।

इनमें से जो भी इधर-उधर हटता, उसका सूबेदार रब नवाज़ की ज़द में आना यक़ीनी था।

थोड़ी देर फ़ायर होते रहे। इसके बाद रब नवाज़ ने अपने जवानों को मना कर दिया कि वो गोलियां बरबाद न करें, सिर्फ़ ताक में रहें। ज्यों ही दुश्मन का कोई सिपाही पत्थरों की दीवार से निकल कर इधर जाने की कोशिश करे, उसको उड़ा दें। ये हुक्म देकर उसने अपने नंगे बदन की तरफ़ देखा और बड़बड़ाया: ख़िंज़ीर की दुम... कपड़ों के वग़ैर आदमी हैवान मालूम होता है।''

लम्बे-लम्बे वक़्फ़ों के बाद दुश्मन की तरफ़ से इक्का दुक्का फ़ायर होता रहा। यहां से उसका जवाब कभी-कभी दे दिया जाता था। यह खेल पूरे दो दिन जारी रहा– मौसम अचानक बहुत सर्द हो गया। इतना सर्द कि दिन में भी ख़ून जमने लगता था, चुनांचि सूबेदार रब नवाज़ ने चाय के दौर शुरू करा दिये। हर समय आग पर केतली धरी रहती। ज्यों ही सर्दी ज़्यादा सताती एक दौर इस गर्मा-गर्म मशरूब का हो जाता। वैसे दुश्मन पर बराबर निगाह थी। एक हटता तो दूसरा दूरबीन लेकर बैठ जाता।

हड्डियों तक उतर जाने वाली सर्द हवा चल रही थी। जब उस जवान ने जो पहरेदार था, बताया कि पत्थरों की दीवार के पीछे कुछ गड़बड़ हो रही है। सूबेदार रब नवाज़ ने उससे दूरबीन ली और ग़ौर से देखा। उसे हरकत नज़र न आई लेकिन फौरन ही एक आवाज़ बुलंद हुई और देर तक उसकी गूंज आस-पास की पहाड़ियों के साथ टकराती रही। रब नवाज़ इसका मतलब न समझा। इसके जवाब में उसने अपनी बंदूक़ दाग़ दी। इसकी गूंज दबी तो फिर उधर से आवाज़ बलंद हुई जो साफ़तौर पर उन से मुख़ातिब थी। रब नवाज़ चिल्लाया– ''ख़िंज़ीर की दुम। बोल, क्या कहता है तू।''

फ़ासला ज़्यादा नहीं था। रब नवाज़ के शब्द दुश्मन तक पहुंच गए, क्योंकि वहां से किसी ने कहा: ''गॉली न दे भाई!''

रब नवाज़ ने अपने जवानों की तरफ़ देखा और बड़े झुंझलाए हुए ताजुब के साथ कहा: ''भाई...'' फिर वो अपने मुंह के आगे दोनों हाथों का भोंपू बनाकर चिल्लाया: ''भाई होगा तेरी मां का जना– यहां सब तेरी मां के यार हैं।''

एकदम उधर से एक ज़ख़्मी आवाज़ बुलंद हुई: ''रब नवाज़!''

रब नवाज़ कांप गया– ये आवाज़ आसपास की पहाड़ियों से सर

फोड़ती रही और मुख़्तलिफ़ अंदाज़ में रब नवाज़– रब नवाज़ दुहराती, अंत में ख़ून जमाकर देने वाली सर्द हवा के साथ उड़ गई।

रब नवाज़ बहुत देर के बाद चौंका: ''ये कौन था?'' फिर वो आहिस्ता से बड़बड़ाया: ''ख़िंज़ीर की दुम!''

उसको इतना मालूम था, टेटुवाल के महाज़ पर सिपाहियों की अकसरियत 6/9 रेजमेंट की है। वो भी इसी रेजमेंट में था। मगर ये आवाज़ थी किसकी? वो ऐसे बेशुमार आदमियों को जानता था जो कभी उसके अज़ीज़ तरीन दोस्त थे। कुछ ऐसे भी जिन से उसकी दुश्मनी थी। चंद ज़ाती-ग़र्ज़ की बिना पर। लेकिन यह कौन था जिसने उसकी गाली का बुरा मान कर उसे चीख़ कर पुकारा था।

रब नवाज़ ने दूरबीन लगा कर देखा, मगर पहाड़ी की हिलती हुई छिदरी में उसे कोई नज़र न आया। दोनों हाथों का भोंपू बना कर उसने ज़ोर से अपनी आवाज़ उधर फेंकी: ''ये कौन था?– रब नवाज़ बोल रहा है– रब नवाज़– रब नवाज़।''

यह ''रब नवाज़'' भी कुछ देर तक पहाड़ियों के साथ टकराता रहा। रब नवाज़ बड़बड़ाया: ख़िंज़ीर की दुम!'' फ़ौरन ही उधर से आवाज़ बुलंद हुई: ''मैं हूं– मैं हूं राम सिंह!''

रब नवाज़ ये सुन कर यों उछला जैसे वो छलांग लगा कर दूसरी तरफ़ जाना चाहता है। पहले उसने अपने आप से कहा: ''रामसिंह!'' फिर हलक़ फाड़ कर चिल्लाया: ''राम सिंह– ओए राम सिंह– ख़िंज़ीर की दुम!''

''ख़िंज़ीर की दुम'' अभी पहाड़ियों के साथ टकरा-टकरा कर पूरी तरह गुम नहीं हुई थी कि राम सिंह की फटी-फटी आवाज़ बुलंद हुई: ''ओए कुम्हार के खोते।''

रब नवाज़ फों-फों करने लगा। जवानों की तरफ़ रोबदार नज़रों से देखते हुए वो बड़बड़ाया: ''बकता है– ''ख़िंज़ीर की दुम।'' फिर उसने राम सिंह को जवाब दिया: ''ओए बाबा टल के कड़ाह परशाद–ओए ख़िंज़ीर के झटके।''

राम सिंह बेतहाशा क़हक़हे लगाने लगा। रब नवाज़ भी ज़ोर-ज़ोर से हंसने लगा। पहाड़ियां ये आवाज़ें बड़े खिलंडरे अंदाज़ में एक दूसरे की तरफ़ उछालती रहीं– सूबेदार रब नवाज़ के जवाब ख़ामोश थे।

जब हंसी का दौरा ख़त्म हुआ तो उधर से राम सिंह की आवाज़ बलंद हुई: देखो यार, हमें चाय पीनी है।''

रब नवाज़ बोला: "पियो– ऐश करो।"

राम सिंह चिल्लाया: "ओए ऐश किस तरह करें... सामान तो हमारा उधर पड़ा है।"

रब नवाज़ ने पूछा: "किधर।"

राम सिंह की आवाज़ आई: "इधर– जिधर तुम्हारा फ़ायर हमें उड़ा सकता है।" रब नवाज़ हंसा: "हमें सामान ले आने दे।"

"ले आ!" यह कह कर उसने अपने जवानों की तरफ देखा।

राम सिंह की तश्वीश भरी आवाज़ बुलंद हुई: "तू उड़ा देगा कुम्हार के खोते।"

रब नवाज़ ने भिन्ना कर कहा: "बक नहीं ओए संतोख सरके कछुए।"

राम सिंह हंसा: "क़सम खा, नहीं मारेगा।"

रब नवाज़ ने पूछा: "किसकी क़सम खाऊं?"

रब नवाज़ हंसा: "ओए जा... मंगवा ले अपना सामान।"

कुछ क्षण ख़ामोशी रही। दूरबीन एक जवान के हाथ में थी। उसने मानीख़ेज़ नज़रों से सूबेदार रब नवाज़ की तरफ़ देखा। बंदूक़ चलाने ही वाला था कि रब नवाज़ ने उसे मना किया: "नहीं... नहीं!"

फिर उसने दूरबीन लेकर खुद ही देखा। एक आदमी डरते-डरते पंजों के बल पत्थरों के पीछे से निकल कर जा रहा था। थोड़ी दूर इस तरह चल कर वो उठा और तेज़ी से भागा। और कुछ दूर झाड़ियों में ग़ायब हो गया। दो मिनट के बाद वापस आया तो उसके दोनों हाथों में कुछ सामान था। एक क्षण के लिए वो रुका। फिर तेज़ी से पत्थरों की महफ़ूज़ दीवार की तरफ़ भागा और अंत में वहां पहुंच गया। वो नज़रों से ओझल हुआ तो रब नवाज़ ने अपनी बंदूक़ चला दी। तड़ाख़ के साथ ही रब नवाज़ का क़हक़हा बुलंद हुआ। ये दोनों आवाज़ें मिल कर कुछ देर झनझनाती रहीं। फिर राम सिंह की आवाज़ आई: "थैंक्यू।"

"नो मेंशन।" रब नवाज़ ने यह कह कर जवानों की तरफ़ देखा: "एक राउंड और हो जाये।"

तफ़रीह के तौर पर दोनों ओर से गोलियां चलने लगीं। फिर ख़ामोशी हो गई। रब नवाज़ ने दूरबीन लगा कर देखा। पहाड़ी की दाढ़ी में से धुआं उठ रहा था। वो पुकारा: "चाय तैयार कर ली राम सिंह?"

जवाब आया: "अभी कहां ओए कुम्हार के खोते।"

रब नवाज़ ज़ात का कुम्हार था। जब कोई उसकी तरफ़ इशारा करता था तो गुस्से से उसका खून खौलने लगता था। एक सिर्फ़ राम सिंह के मुंह से वो इसे बर्दाश्त कर लेता था इसलिए कि वो उसका बेतकल्लुफ़ दोस्त था। एक ही गांव में वो पल कर जवान हुए थे। दोनों की उम्र में सिर्फ़ चन्द दिन का फ़र्क़ था। दोनों के बाप फिर उनके बाप भी एक दूसरे के दोस्त थे। एक ही स्कूल में प्राइमरी में पढ़े थे एक ही दिन फौज में भरती हुए थे, और पिछली बड़ी जंग में कई महाज़ों पर इखट्टे लड़े थे।

रब नवाज़ अपने जवानों की नज़रों में खुद को ख़फीफ़ महसूस करके बड़बड़ाया। "ख़िंज़ीर की दुम– अब भी बाज़ नहीं आता। "फिर वो राम सिंह से मुख़ातिब हुआ: बक नहीं ओए खोते की जूं।"

राम सिंह का क़हक़हा बुलन्द हुआ। रब नवाज़ ने ऐसे ही शतबांधी हुई थी। तफ़रीहन उसने लिबलिबी दबा दी। तड़ाख़ के साथ ही एक आकाश भेदी चीख़ बुलंद हुई। रब नवाज़ ने फ़ौरन दूरबीन लगाई और देखा कि एक आदमी, नहीं राम सिंह पेट पकड़े, पत्थरों की दीवार से ज़रा हट कर दोहरा हुआ और गिर पड़ा।

रब नवाज़ ज़ोर से चीख़ा: "राम सिंह!" और उछल कर खड़ा हो गया। उधर से उसी समय तीन चार फ़ायर हुए। एक गोली रब नवाज़ का दायां बाज़ू चाटती हुई निकल गई। फौरन ही वो औंधे मुंह ज़मीन पर गिर पड़ा। अब दोनों तरफ़ से फ़ायर शुरू हो गए। उधर से फ़ायर जारी थे मगर निशाने पर कोई न बैठा। रब नवाज़ ने अपने जवानों को उतरने का हुक्म दिया। तीन फ़ौरन ही मारे गये लेकिन देखते ही देखते बाक़ी जवान दूसरी पहाड़ी पर पहुंच गए।

राम सिंह खून में लतपत पथरीली ज़मीन पर पड़ा कराह रहा था। गोली उसके पेट में लगी थी। रब नवाज़ को देख कर उसकी आंखें टिमटिमा उठीं। मुस्कुरा कर उसने कहा: "ओए कुम्हार के खोते। ये तू ने क्या किया?"

रब नवाज़, राम सिंह का ज़ख़्म अपने पेट में महसूस कर रहा था, लेकिन वो मुस्कुरा कर उस पर झुका और दो ज़ानू होकर उसकी पेटी खोलने लगा: "ख़िंज़ीर की दुम! तुम से किस ने बाहर निकलने को कहा था।"

पेटी उतारने से राम सिंह को सख़्त तकलीफ़ हुई। दर्द से वो चिल्ला पड़ा। जब पेटी उतर गई और रब नवाज़ ने ज़ख़्म का मुआयना किया जो बहुत ख़तरनाक था तो राम सिंह ने रब नवाज़ का हाथ दबा कर कहा: "मैं

अपना आप दिखाने के लिए बाहर निकला था कि तूने... ओए रब नवाज़ के पुत्तर, फ़ायर कर दिया।''

रब नवाज़ का गला रुंध गया: क़सम वहदहू लाशरीक की– मैंने ऐसे ही बंदूक़ चलाई थी... मुझे मालूम था कि तू खोते संग बाहर निकल रहा है... मुझे अफ़्सोस है।''

राम सिंह का ख़ून काफ़ी बह निकला था। रब नवाज़ और उसके साथी कई घंटों के बाद वहां पहुंचे थे। इस अर्से तक तो एक पूरी मुश्क ख़ून की ख़ाली हो सकती थी। रब नवाज़ को हैरत थी कि इतनी देर तक राम सिंह ज़िन्दा रह सका है। उसको उमीद नहीं थी कि वो बचेगा। हिलाना-जुलाना ग़लत था, चुनांचि उसने वायरलेस के ज़रीये पलाटून कमांडर से दरख़्वास्त की कि जल्दी एक डाक्टर भेजा जाए, उसका दोस्त राम सिंह ज़ख़्मी हो गया है।

डाक्टर का वहां तक पहुंचना और फिर वक़्त पर पहुंचना बिल्कुल मुहाल था। रब नवाज़ को यक़ीन था कि राम सिंह चंद घड़ियों का मेहमान है। फिर भी वायरलेस पर पैग़ाम पहुंचा कर उसने मुस्कुरा कर राम सिंह से कहा: ''डाक्टर आ रहा है– कोई फ़िक्र न कर।''

राम सिंह बड़ी कमज़ोर आवाज़ में सोचते हुए बोला: फिक्र किस बात की... ये बता मेरे कितने जवान मारे हैं तुम लोगों ने।''

रब नवाज़ ने जवाब दिया: ''सिर्फ़ एक।''

राम सिंह की आवाज़ और ज़्यादा कमज़ोर हो गई: ''तेरे कितने मारे गए?''

''छ:–छ'' राम सिंह ने एक-एक आदमी अपने दिल में गिना। मैं ज़ख़्मी हुआ तो वो बहुत बददिल हो गए थे... पर मैंने कहा... खेल जाओ अपनी और दुश्मन की जान से... छ: ... ठीक है।'' वो माज़ी के धुंधलकों में चला गया। ''रब नवाज़... याद हैं वो दिन तुम्हें...।''

और राम सिंह ने बीते दिन याद करने शुरू कर दिये। खेतों-खलियानों की बातें। स्कूल के क़िस्से 6/9 जाट रेजमेंट की दास्तानें– कमांडिंग अफ़्सरों के लतीफ़े और बाहर के मुल्कों में अजनबी औरतों से मुआशिक़े। उनका ज़िक्र करते हुए राम सिंह को कोई बहुत दिलचस्प वाक़िया याद आ गया। हंसने लगा तो उसके टीस उठी मगर उसकी पर्वा न करते हुए वो ज़ख़्म से ऊपर ही ऊपर हंस कर कहने लगा: ''ओए सुअर के नल... याद है तुम्हें वो मेडम...''

रब नवाज़ ने पूछा: "कौन?"

राम सिंह ने कहा: "वो– इटली की... क्या नाम रखा था हमने उसका... बड़ी मारख़ोर औरत थी।"

रब नवाज़ को फ़ौरन वो औरत याद आ गई: "हां, हां...वो मेडम मुनेता फनेतो...पैसा ख़त्म तमाशा ख़त्म... पर तुझ से कभी-कभी रिआयत कर देती थी। मसोलेनी की बच्ची!"

राम सिंह ज़ोर से हंसा... और उसके ज़ख़्म से जमे हुए ख़ून का एक लोथड़ा बाहर निकल आया। सरसरी तौर पर रब नवाज़ ने पट्टी बांधी थी वो खिसक गई थी। उसे ठीक कर के उसने राम सिंह से कहा: "अब ख़ामोश रहो।"

राम सिंह को बहुत तेज़ बुख़ार था। उसका दिमाग़ इसके कारण बहुत तेज़ हो गया था। बोलने की ताक़त नहीं थी मगर बोले चला जा रहा था। कभी-कभी रुक जाता। जैसे ये देख रहा है कि टैंकी में कितना पिट्रोल बाक़ी है। कुछ देर के बाद उस पर हज़यानी कैफ़ियत तारी हो गई, लेकिन कुछ ऐसे वक़्फ़ों में उसने एक बार रब नवाज़ से सवाल किया: "यार सच्चो-सच बता, क्या तुम लोगों को वाक़ई कश्मीर चाहिए।"

रब नवाज़ ने पूरे ख़ुलूस के साथ कहा: "हां, राम सिंघा।"

राम सिंह ने अपना सर हिलाया: नहीं... मैं नहीं मान सकता... तुम्हें वरग़लाया गया है।

रब नवाज़ ने उसे यक़ीन दिलाने के अंदाज़ में कहा: "तुम्हें वरग़लाया गया है... क़सम पंजतन पाक की..."

राम सिंह ने रब नवाज़ का हाथ पकड़ लिया: "क़सम न खा यारा. .. ठीक होगा।" लेकिन उसका लहजा साफ़ बता रहा था कि उसको रब नवाज़ की क़सम का यक़ीन नहीं।

दिन ढलने से कुछ देर पहले पलाटून कमांडेंट मेजर असलम आया। उसके साथ चंद सिपाही थे, मगर डाक्टर नहीं था। राम सिंह बेहोशी और नज़अ की हालत में कुछ बड़बड़ा रहा था। मगर आवाज़ इतनी कमज़ोर थी कि समझ में कुछ नहीं आता था। मेजर असलम भी 6/9 जाट रेजमेंट का था और राम सिंह को बहुत अच्छी तरह जानता था। रब नवाज़ से सारे हालात दर्याफ़्त करने के बाद उसने राम सिंह को बुलाया: "राम सिंह– राम सिंह।"

राम सिंह ने अपनी आखें खोलीं, लेटे-लेटे अटेंशन होकर उसने

सैल्युट किया। लेकिन फिर आंखें खोल कर उसने एक क्षण के लिए ग़ौर से मेजर असलम की ओर देखा। उसका सैल्यूट करने वाला अकड़ा हुआ हाथ एक दम गिर पड़ा। झुंझला कर उसने बड़बड़ाना शुरू किया: कुछ नहीं ओए राम सयां... भूल ही गया तू सुअर के नला– कि यह लड़ाई... यह लड़ाई..."

राम सिंह अपनी बात पूरी न कर सका। बंद होती आंखों से उसने रब नवाज़ की ओर नीम सवालिया अंदाज़ में देखा और सर्द हो गया।

क़ीमे के बजाये बोटियां

डाक्टर सईद मेरा पड़ोसी था– उसका मकान मेरे मकान से ज़्यादा से ज़्यादा दो सौ गज़ के फ़ासले पर होगा। उसकी ग्राउण्ड फ़्लोर पर उसका दवाख़ाना था। मैं कभी-कभी वहां चला जाता– एक दो घंटे की तफ़रीह हो जाती– बड़ा मनोरंजनकारी और अदब शनास आदमी था।

रहने वाला बंगलोर का था– मगर घर में बड़ी फर्राटेदार उर्दू में गुफ़्तुगू करता था। उसने उर्दू के क़रीब-क़रीब तमाम बड़े कवियों का अध्ययन कुछ इस तरह से किया था कि जिस तरह उसने एम.बी.बी.एस कोर्स की सारी किताबों का। मैं कई दफ़ा सोचता कि डॉक्टर सईद को डॉक्टर बनने की बजाये किसी भी विषय में एम.ए, पी.एच.डी की डिग्री हासिल करनी चाहिए थी– इसलिए कि उसके लिए ये निहायत मौज़ूं और मुनासिब होती।

चुनांचि मैंने एक रोज़ उससे कहा:

"डाक्टर साहब! आपने ये प्रोफ़ेशन क्यों इख़्तियार किया?"

"क्यों?"

मैंने उनसे कहा:

"आप उर्दू, फ़ारसी ज़बान के बड़े अच्छे प्रोफ़ेसर होते– बड़े हरदिल अज़ीज़– तालिब इल्म के गर्विदा होते।"

वो मुस्कुराया:

"एक ही बात होती– नहीं– ज़मीन– आसमान का फ़र्क़ होता। मैं यहां अपने दवाख़ाने में बड़े इत्मीनान से बैठा हर रोज़ कम से कम सौ-सवा सौ रूपये बना लेता हूं– अगर मैंने कोई दूसरा पेशा इख़्तियार किया होता तो मुझे क्या मिलता– ज़्यादा से ज़्यादा छः सात सौ रूपये माहवार।"

मैंने डाक्टर से कहा: ''बड़ी माक़ूल आमदनी है।''

आप इसे माक़ूल कहते हैं– सौ रूपये के क़रीब तो मेरा अपना जेब ख़र्च है– आप जानते ही हैं– कि मैं शराब पीने का आदी हूं, और वो भी हर रोज़– क़रीब-क़रीब पचहत्तर रूपये तो इस पर उठ जाते हैं– फिर सिगरेट हैं– दोस्त यारों की तवाज़ा है– ये सब खर्च क्या एक लेकचरर, प्रोफ़ेसर, रीडर या प्रिंसिपल की तंख़्वाह पूरा कर सकती है?''

मैं कायल हो गया।

''जी नहीं– आप डॉक्टर न होते– अदीब होते, मुसव्विर होते।'' मेरी बात काट कर उन्होंने एक छोटा-सा क़हक़हा लगा कर कहा:

''और फ़ाक़ाकशी करता'' मैं भी हंस पड़ा।''

डाक्टर सईद के ख़र्चे वाक़ई बहुत ज़्यादा थे, इसलिए कि वो कंजूस नहीं था– इसके अलावा उसे अपने दवाख़ाने से फ़ारिग़ हो कर फ़ुर्सत के समय में दोस्त-यारों की महफ़िल जमाने में एक ख़ास क़िस्म की ख़ुशी होती थी।

शादी-शुदा था– उसकी बीवी बंगलोर ही की थी जिससे दो बच्चे हुए थे। एक लड़की और एक लड़का– उसकी बीवी उर्दू बिल्कुल नहीं जानती थी, इसलिए उसे तंहाई की ज़िन्दगी बसर करना पड़ती थी। कभी-कभी छोटी लड़की आती और अपनी मां का पैग़ाम डॉक्टर के कान में हौले से पहुंचा देती, और फिर दोड़ती हुई दवाख़ाने से बाहर निकल जाती।

थोड़ी ही देर में डॉक्टर से मेरा दोस्ताना हो गया– बड़ा बेतकल्लुफ़ क़िस्म का। उसने मुझे अपनी पिछली ज़िन्दगी के तमाम हालात और वाक़ियात सुनाए। मगर वो इतने दिलचस्प नहीं कि उनका तज़करा किया जाए।

अब मैंने बाक़ाइदगी के साथ उनके यहां जाना शुरू कर दिया। मैं भी चूंकि बोतल का रसिया था– इसलिए हम दोनों में गाढ़ी छनने लगी। एक दो माह के बाद मैंने महसूस किया– कि डॉक्टर सईद उल्झा-सा रहता है। अपने काम से उसकी दिलचस्पी दिनो-दिन कम हो रही है। पहले तो मैं उसे टटोलता रहा, आख़िर मैंने साफ़ लफ़्ज़ों में उसे पूछा:

''यार सईद– तुम आज कई दिन से खोए-खोए से क्यों रहते हो?''

डॉक्टर सईद के होंठों पर फीकी सी मुस्कुराहट नमूदार हुई: ''नहीं तो–''

''नहीं तो क्या– मैं इतना गधा तो नहीं कि पहचान भी न सकूं कि तुम किसी ज़हनी उलझन में गिरफ़्तार हो–''

डॉक्टर सईद ने अपना व्हिस्की का ग्लास उठाया और होठों तक ले जा कर कहा: "महज़ तुम्हारा वाहिमा (भ्रम) है– या तुम अपने मनो विज्ञान का मुझ पर रोब गांठना चाहते हो–"

मैंने हथियार डाल दिये– हालांकि उसका लबो-लहजा साफ़ बता रहा था कि उसके दिल का चोर पकड़ा जा चुका है। मगर उसे अपनी शिकस्त के एतराफ़ का हौसला नहीं– बहुत दिन गुज़र गए।

अब वो कई-कई घंटे अपने दवाख़ाने से ग़ैर हाज़िर रहने लगा। यह जानने के लिए कि वो कहां जाता है क्या करता है, उसकी ज़हनी परेशानी का कारण क्या है, मेरे दिलो-दिमाग़ में बड़ी खदबद हो रही थी। अब कभी अगर उससे मुलाक़ात होती तो मेरा बेइख़्तियार जी चाहता कि उससे एक बार फिर वो सवालात करूं जिनके जवाब से मेरी ज़हनी उलझन दूर हो और डॉक्टर सईद जो कुछ छिपाये था, उसकी सही तस्वीर मेरी आंखों के सामने आ जाय। मगर ऐसा कोई 'तख़लिये' का मौक़ा नहीं मिला।

एक दिन शाम को जब मैं उसके दवाख़ाने में दाख़िल हुआ– तो उसके नौकर ने मुझे रोका: "साहब! अभी अन्दर न जाइये– डॉक्टर साहब एक मरीज़ को देख रहे हैं।"

"तो देखा करें।"

नौकर ने अपील की: "साहब– वो– वो– मेरा मतलब है– कि मरीज़, औरत है।"

"ओह– कब तक फ़ारिग़ हो जाएंगे– इसके मुतल्लिक़ तुम्हें कुछ मालूम है?" नौकर ने जवाब दिया: "जी मैं कुछ नहीं कह सकता– तक़रीबन एक घंटे से वो बेगम साहिबा को देख रहे हैं–" मैं थोड़ी देर के बाद मुस्कुराया।

"तो मर्ज़ कोई ख़ास मालूम होता है–"

और यह कह कर मैंने ग़र इरादी तौर पर डाक्टर सईद के चेकअप-रूम का दरवाज़ा खोल दिया। और अंदर दाख़िल हो गया।

क्या देखता हूं– कि सईद एक अधेड़ उम्र की औरत के साथ बैठा है। तिपाई पर बीयर की बोतल और दो गिलास रखे हैं, और दोनों महवे-गुफ़्तुगू है।"

सईद ने उठ कर मुझे कंधों से पकड़ कर एक कुर्सी पर बैठा दिया–

"हटाओ यार इस तकल्लुफ़ को–"

फिर उसने एक ख़ाली गिलास में मेरे लिए बियर उंडेली और उसे मेरे

सामने रख दियाः "लो, पियो–" मैंने दो घूंट भरे तो सईद ने उस अधेड़ उम्र की औरत से जो लिबास और जेवरों से काफ़ी मालदार मालूम होती थी– परिचय कराया।

"सलमा रहमानी– और ये मेरे अज़ीज़ दोस्त सआदत हसन मंटो।"

सलमा रहमानी कुछ समय के लिए मुझे बड़े ग़ौर और ताजुब से देखती रही।

"सईद– क्या वाक़ई ये सआदत हसन मंटो हैं– जिनके अफ़्साने के सारे मजमूए में बड़े ग़ौर से एक नहीं, दो-दो, तीन-तीन बार पढ़ चुकी हूं–" डॉक्टर सईद ने अपना गिलास उठाया।

"हां, वही, हैं– मैंने कई बार ख़्याल किया कि इससे तुम्हारा ग़ाइबाना तआरुफ़ करा दूं– पर मैंने सोचा तुम इस नाम से यक़ीनन वाक़िफ़ होगी– शैतान को कौन नहीं जानता–"

सलमा रहमानी यह सुन के पेट भर के हंसी– और उसका पेट आम पेटों के मुक़ाबले में कुछ ज़्यादा ही बड़ा था।

इसके बाद मेरी सलमा रहमानी से कई मुलाक़ातें हुईं– पढ़ी लिखी औरत थी। बड़े अच्छे घराने से थी। तफ़्तीश किए बिना मुझे उसके बारे में चंद मालूमात हासिल हो गईं कि वो तीन ख़ाविन्दों से तलाक़ ले चुकी है– साहबे औलाद है– जहां रहती है– उसमें दो छोटे-छोटे कमरे और एक गुसलख़ाना है। वहां अकेली रहती है। ग़ैर मंक़ूला जायदाद से उसकी आमदनी चार-पांच सौ रूपये माहवार के क़रीब है। हीरे की अंगूठियां पहनती हैं।

इन अंगूठियों में से एक मैंने दूसरे रोज़ शाम को सईद की उंगली में देखी।

तीसरे रोज़ डॉक्टर सईद के दवाख़ाने में सलमा रहमानी मौजूद थीं दोनों बहुत खुश थे और चहचहा रहे थे– मैं भी उनकी बीयर नोशी में शरीक हो गया।

पिछले एक हफ़्ते से मैं देख रहा था कि डॉक्टर सईद के चेकअप रूम से कुछ दूर जो कमरे ख़ाली पड़े रहते हैं, उनकी बड़ी तवज्जो से मरम्मत कराई जा रही है– उनको सजाया बनाया जा रहा है। फर्नीचर जब लाया गया तो वही था जो मैंने सलमा रहमानी के घर देखा था।

इतवार को डॉक्टर सईद की छुट्टी का दिन होता था। किवाड़ बन्द रहते ताकि उसको तंग न किया जाए।

मुझे तो वहां हर वक़्त आने जाने की इजाज़त थी– एक और चोर दरवाज़ा था। उसके ज़रीये मैं अन्दर पहुंचा– और सीधा उन दो कमरों का रुख़ किया जिनकी मरम्मत कराई गई थी।

दरवाज़ा खुला था– मैं अन्दर दाख़िल हुआ तो हस्बे तवक़्क़ो डाक्टर सईद के बग़ल में सलमा रहमानी बैठी थी।

सईद ने मुझ से कहा:

"मेरी बीवी सलमा रहमानी से मिलो–"

मुझे उस औरत से क्या मिलना था– सैंकड़ों बार मिल चुका था। लेकिन अगर किसी औरत की शादी हो तो उसको किन अल्फ़ाज़ में मुबारकबाद देनी चाहिए– इसके बारे में मेरी मालूमात ज़ीरो के बराबर थीं– समझ में न आया कि क्या कहूं।

लेकिन कहना भी कुछ ज़रूर था– इसलिए जो मुंह में आया, बाहर निकाल दिया: "तो इस ड्रामे का ड्रापसीन हो गया–"

मियां-बीवी दोनों हंसे–

सईद ने मुझे बैठने को कहा। बीयर पेश की। और हम शादी के इलावा दुनिया के हर विषय पर देर तक गुफ़्तुगू करते रहे।

मैं शाम पांच बजे आया था– घड़ी देखी तो नौ बजने वाले थे। मैंने सईद से कहा:

"लो भई– मैं चला– बातों-बातों में इतनी देर हो गई है, इसका मुझे इल्म नहीं था।"

सईद के बजाये सलमा रहमानी– माफ कीजियेगा, सलमा सईद मुझ से मुख़ातिब हुईं:

"नहीं, आप नहीं जा सकते– खाना तैयार है– अगर आप कहें तो लगवा दिया जाए।" ख़ैर सईद और उसकी नई बीवी के काफ़ी ज़िद करने पर मुझे खाना, खाना पड़ा– जो बहुत ख़ुश ज़ायक़ा और लज़ीज़ था।

दो बरस तक उनकी ज़िन्दगी बड़ी हमवार गुज़रती रही– एक दिन मैं तबीयत ख़राब होने के कारण बिस्तर में ही लेटा था कि नौकर ने इत्तला दी: "डॉक्टर सईद साहब तशरीफ़ लाए हैं।"

मैने कहा–

"अन्दर– जाओ, उनको अन्दर भेज दो–"

सईद आया तो मैंने महसूस किया कि वो बहुत परेशान है। उसने मुझे कुछ पूछने की ज़हमत न दी और अपने आप बता दिया कि सलमा से

उसकी नाचाक़ी शुरू हो गई है, इसलिए कि वो खुदसर औरत है, किसी को ख़ातिर ही में नहीं लाती– मैंने सिर्फ़ इसलिए उससे शादी कर ली कि वो अकेली थी– उसके रिश्तेदार उसे पूछते ही नहीं थे, जब वो बीमार हुई– ये कोई मामूली बीमारी नहीं थी– डिपथेरिया था जिसे ख़नाक़ कहते हैं। तो मैने अपना तमाम काम छोड़ कर उसका इलाज किया और खुदा के फ़ज़्लो–करम से वो तंदरुस्त हो गई– लेकिन अब वो इन तमाम बातों को पसे पुश्त डाल कर मुझ से कुछ इस क़िस्म का सलूक करती है जो बेहद ख़राब है।

तो आग़ाज़ का अंजाम शुरू हो गया था।

चूंकि डॉक्टर सईद का घर मेरे घर के बिल्कुल पास था, इसलिए उनकी लड़ाइयों की इतलाआत मुझे मुख़्तलिफ़ ज़रीयों से पहुंचती रहती थीं–

सलमा के साथ दो नौकरानियां थीं, बड़ी तेज़ तर्रार और हट्टी-कट्टी। इन दोनों के शौहर थे– वो एक तरह उसके मुलाज़िम थे– उसके इशारे पर जान देने वाले– और डाक्टर सईद बड़ा नहीफ़ और मुख़्तसर मर्द।

एक दिन मालूम हुआ कि डाक्टर सईद और सलमा ने पी रखी थी कि आपस में दोनों की चख़ हो गई– डॉक्टर ने मालूम नहीं नशे में क्या कहा कि सलमा आग बगूला हो गई।

उसने अपनी दोनों नौकरानियों को आवाज़ दी– वो दौड़ी-दौड़ी अन्दर आईं। सलमा ने उनको हुक्म दिया कि डाक्टर की अच्छी तरह मरम्मत कर दी जाए, ऐसी मरम्मत की सारी उम्र याद रखे।

यह हुक्म मिला था– कि डाक्टर सईद की मरम्मत शुरू हो गई– इन दोनों नौकरानियों ने अपने शौहरों को भी इस सिलसिले में शामिल कर लिया। लाठियों, घूंसों और दूसरे थर्ड डिग्री तरीक़ों से उसे ख़ूब मारा पीटा गया कि उसका कचूमर निकल गया।

गिरता-पड़ता भागा वहां से, और ऊपर अपनी पुरानी बीवी के पास पहुंच गया जिसने नर्स की तरह उसकी ख़िदमत शुरू कर दी।

इसके बाद यह हुआ कि उसने दो कमरों का रुख़ क़रीब-क़रीब दो माह तक न किया। अब वो सलमा से किसी क़िस्म का रिश्ता क़ायम नहीं करना चाहता।

हो गया– सो हो गया– अब उसको अपने घर से बहुत ज़्यादा दिलचस्पी पैदा हो गई थी।

लेकिन कभी-कभी उसे यह महसूस होता कि यह औरत जिससे मैंने

शादी का ढोंग रचाया था– क्यों अभी तक उसके सर पर मुसल्लत है– उसके घर से चली क्यों नहीं जाती। मगर वो उससे बात नहीं करना चाहता था।

एक–दो माह और गुज़र गए।

इस दौरान डॉक्टर सईद को मालूम हुआ कि उसका यू.पी. के ताजिर से प्रेम चल रहा है यह शख़्स सिर्फ़ नाम ही का ताजिर था– उसके पास कोई दौलत नहीं थी।

सिर्फ़ एक मकान था– जो उसने हिजरत करने के बाद अपने नाम अलाट करा लिया था।

दोनों हर रोज़ शाम को मेरे यहां आते– शेरो–शराब की महफ़िलें जमतीं– और मेरे सीने पर मूंग दलती रहतीं–

एक दिन उससे यह कहे बिना नहीं रहा जा सका।

मैंने ज़रा सख़्त लहजे में उससे कहा।

"अव्वल तो तुमने यह ग़लती की– कि सलमा से शादी की– दूसरी ग़लती तुम यह कर रहे हो कि उसे अपने घर से बाहर नहीं करते– क्या यह उसके बाप का घर है?"

डाक्टर सईद की गर्दन शर्मसारी के कारण झुक गई–

"यार! छोड़ो इस क़िस्से को।"

क़िस्से को तो तुम और मैं दोनों छोड़ने के लिए तैयार हैं– लेकिन यह क़िस्सा ही तुम्हें नहीं छोड़ता– और न छोड़ेगा– जबकि तुम कोई भी मर्दानावार कोशिश नहीं करते।

वो ख़ामोश रहा।

मैंने उस पर एक गोला और फेंका।

सच पूछो तो सईद– तुम ना–मर्द हो– मैं तुम्हारी जगह होता तो मोहतरमा का क़ीमा बना डालता– असल में तुम ज़रूरत से ज़्यादा शरीफ़ हो।

सईद ने नक़ाहत भरी आवाज़ में सिर्फ़ इतना कहा:

"मैं बहुत ख़तरनाक मुजरिम भी बन सकता हूं– तुम नहीं जानते।"

मैंने व्यंग से कहा:

"सब जानता हूं– उससे इतनी मार खाई– इतने ज़लील हुए– मैं सिर्फ़ इतना पूछता हूं कि मोहतरमा तुम्हारे घर से जाती क्यों नहीं–? इस पर उसका अब क्या हक़ है?"

सईद ने जवाब दिया वो चली गई है– "और उसका सामान भी– बल्कि मेरा सामान भी साथ ले गई है–"

मैं बहुत खुश हुआ:

लानत भेजो अपने सामान पर– चली गई है। बस ठीक है तुम खुश तुम्हारा ख़ुदा हाफ़िज़– चलो इसी खुशी में वो बीयर की ठंडी बोतलें पियें– जो मैं अपने साथ लया हूं– इसके बाद खाना किसी होटल में खायेंगे।

सलमा के जाने के बाद डॉक्टर सईद कम अज़ कम एक माह तक खोया–खोया सा रहा– इसके बाद वो अपनी नार्मल हालत में आ गया– हर शाम उस से मुलाक़ात होती– घंटों इधर–उधर की बातें करते और हंसी मज़ाक़ करते रहते।

कुछ दिनों से मेरी तबीयत मौसम की तब्दीली के कारण ठीक नहीं थी।

बिस्तर में लेटा था कि डाक्टर सईद का मुलाज़िम आया– उसने मुझ से कहा कि डाक्टर साहब आपको याद करते हैं और बुला रहे हैं– एक ज़रूरी काम है।

मेरा जी तो नहीं चाहता था– कि बिस्तर पर से उठूं– मगर सईद को ना उमीद नहीं करना चाहता था। इसलिए शेखानी पहन कर उसके यहां पहुंचा–

मकान के बाहर देखा– कि चार देगें चढ़ी हैं–

क़साई धड़ाधड़ बोटियां काट–काट कर सफ के एक टुकड़े पर फेंके चला जा रहा है। आस–पास के कई आदमी जमा थे।

मैं समझा शायद कोई नज़्र–नियाज़ दी जा रही है– मैने गोश्त का वो बड़ा सा लोथड़ा देखा– जिस पर कुल्हाड़ी चलाई जा रही थी– उसके साथ दो बाहें थीं– बिल्कुल इंसानों की मानिन्द–!

मैने फिर ग़ौर से दखा– क़तई तौर पर इंसानी बांहें थी–

समझ में न आया– ये क़िस्सा क्या है।

क़साई की छुरी और कुल्हाड़ी चल रही थी– चार देगों में प्याज़ सुर्ख़ की जा रही थी– और मेरा दिल– दिमाग़ इन दोनों के दर्मियान फंसता और धंसता जा रहा था– कि डाक्टर सईद नमूदार हुआ मुझे देखते ही पुकारा:

आइये– आइये– आपके कहने के मुताबिक़ क़ीमा तो न बन सका। मगर ये बोटियां तैयार करा ली गई हैं– अभी अच्छी तरह भूनी नहीं गईं। वर्ना मैं आपको एक बोटी पेश करता–

ये मालूम करने के लिए कि मिर्च–मसाला ठीक है या नहीं।

यह सुन कर पहले मुझे मतली आई– और फिर मैं बेहोश हो गया।